최고의
나를 만드는
커리어 매니지먼트

최고의
나를 만드는
커리어 매니지먼트

언택트 시대

일의 의미가

미래를 만든다

CAREER

심혜경 · 채지연 · 이인규 · 박소영 지음

MANAGEMENT

누구나 알지만 아무도 알려주지 않는
언택트세대의 자기관리법

Booksgo

언택트와 언택트세대

플라톤도 '요즘 것들은 버릇이 없다'는 말을 했을 정도로, 세대 간의 다른 시각에 대한 이야기는 비단 오늘만의 일이 아니다. 특히 코로나19와 같은 상황을 겪으며 세대 차이는 더욱 빠르고 급속하게 찾아왔다.

언택트세대는 기성세대와 자신들이 판이하게 다르다는 것을 잘 안다. 그렇기에 더욱 서로의 차이를 인정하고 새롭게 받아들이며 다름을 이해하고 공감해야 한다.

수많은 변화로 흔들리는 사회와 이에 적응하는 언택트세대가 낯설 수도 있다. 불편하고 때로는 화가 날 수도 있다. 하지만 뒤집어 생각하면 우리가 너무 익숙해서 불편한 줄도, 불합리한 줄도 모르고 관성적으로 살아온 것은 아닌지를 돌아보게 한다.

미처 모르거나 혹은 알면서도 부정했던 것들을 차근차근 들여다보며 세대 간 소통의 실마리를 찾아보고 싶다. 많은 학자들이 이미 언택트에 대해 이야기하고 있지만, 이 책에서는 언택트 시대와 언택트를 이루는 구성원, 그들의 일과 미래에 대한 이야기들을 담고자 하였다.

실제 언택트세대를 어떻게 대하며 어떤 변화를 모색하고, 세대 간 간극을 좁혀 원활한 관계를 맺고 성장하고 싶은 이들에게 도움이 되길 바란다. 또한 응원을 보낸다.

심혜경

당연한 것들과 잃어버린 것들

당연하고 평범했던 나날들이 당연하지 않은 것들로 가득 차버린 코로나19. 변화된 환경은 마스크 없는 삶은 생각할 수 없고, 사람과의 만남도 쉽게 이루어질 수 없게 만들었다.

회사에서의 업무 방식도 변화되었다. 재택근무, 비대면 회의 등 업무 환경이 변화되며 새로운 환경에 적응하기 위해 많은 노력을 기울이고 있다. 이러한 환경일수록 개인적인 삶의 질과 커리어의 혁신을 위해 변화에 적응하며 나아갈 방향성을 정확히 짚어야 한다.

언택트 시대를 살아가는 우리는 더 이상 주저할 시간이 없다. 변화된 환경에 빠르게 적응하여 적극적으로 대응해야만 한다. 코로나 종식은 생각처럼 쉽지 않을 것이며 종식이 된다하더라도 이미 변해버린 일상이 예전을 찾기란 쉽지 않을 것이다.

이 책은 지금을 살아가고 있는 언택트세대와 그들이 봉착한 삶을 조명하고 앞으로의 삶을 어떻게 마주할 것인지를 제시하며 함께 대응할 수 있는 준비를 담고자 하였다. 또 잃어버린 사람과 사람과의 관계를 다시 바라보고자 하였다. 조금이나마 도움이 되었으면 하는 바람이다.

이인규

언택트 시대의 일의 의미

대학생 강연 중 모 정치인이 이런 이야기를 했다.

"저도 정치를 하다가 힘들 때 내가 왜 이 짓을 하는가를 생각합니다. 답이 찾아져야 견딜 수 있기 때문이죠."

코로나19가 장기화되면서 기업의 실적악화로 고용불안이 지속되고 있다. '나는 왜 일을 하는가?'를 묻는다면 1초의 망설임도 없이 '돈'이 먼저 떠오르겠지만, 잠시 숨을 고르고 단지 돈 때문에 지금의 일을 하는 것인지를 다시 한 번 생각해보자.

일은 나와 타인의 성장에 영향을 주며 성장의 원동력이 되기도 한다. 회사를 그만두고 하고 싶은 일을 할 때 지금의 일이 어떤 밑바탕이 될지 그 의미를 스스로가 끊임없이 찾아야 한다. 나아가 정말 하고 있는 일이 어떤 의미를 주는지에 대한 가치까지 찾게 된다면 과거보다 훨씬 더 일에 몰입할 수 있다.

언택트로 일하는 방식이 다양해지고 기업에서 원하는 직원들의 역량도 달라지면서 직원들은 다양한 분야를 학습하고 도전할 수 있는 환경에 놓였다. 그렇다면 좀 더 확장된 시각으로 일을 정의해보자. 어렵고 불안한 시대에 '왜 일을 하는가'를 이 책을 통해 다시 생각해보고 작은 해답을 찾기 바란다.

채지연

멈추지 않는 노력과 성장

정년의 의미가 무색해지고 환경은 빠르게 변하며 아예 새로운 모습으로 바뀌었다. 지금처럼 불안한 시기일수록 무엇을 하고 싶은지 고민하고 계획하는 것이 반드시 필요하다.

어느새 밀레니얼세대 신입사원은 조직에서 선임자로 입지를 다지고 있다. 그들은 앞으로 무엇을 할 것인지 고민하며 혼란스러워 하기도 한다. 고민이 깊어지면 시야가 좁아지고 생각에 갇히기 마련이다.

혼란스럽고 자신 없는 이유가 무엇인지 파악하고, 자신이 가진 역량들이 시장에서 어떤 가치를 지니는지, 하고 싶은 일을 하려면 무엇을 더 배워야 할지를 생각해야 한다. 원하는 것을 달성하기 위해 무엇을 할 수 있을지 다양한 방법을 고민하고 자신에게 맞는 것을 찾아 활용할 수 있어야 한다.

현재를 살아가면서 어렵지 않은 사람은 없다. 그러나 어려운 상황에서 문제를 해결하고자 노력하는 사람들은 그렇지 않은 사람들보다 반드시 나은 결과를 얻는다. 변화한 환경은 개인의 변화를 요구한다. 이 책으로 보다 넓은 시야를 갖추고, 갇힌 관점을 바꾸는 데 조금이라도 보탬이 되길 바란다.

박소영

contents

PART 01
지금 세대의 S. N. S

PART 02
지금 세대의 라이프 스타일

PART 03
지금 세대의 일의 의미

PART 04
지금 세대의 커리어 디자인

PART
01

지금 세대의
S.N.S

Sincerity
숨김없이, 솔직하게, 거침없이

■ 불편한 소통 대신 편안한 단절

유례없는 팬데믹 상황에 처하면서 많은 것이 변하고 있다. 언제 끝날지 모르는 코로나19 바이러스 확산 방지를 위해 사람들 간 '사회적 거리두기'가 일상이 되면서 대면보다는 비대면 환경 속에 살아가게 되었고 기업들은 '언택트'에 주목하였다.

'언택트' 환경은 스마트폰과 같은 최신 기술을 다루는데 능숙하고 인터넷과 SNS로 소통하는 것을 선호하며 자신의 삶과 일 모두 중요하게 생각한다는 특징을 지닌다. 이러한 환경의 세대를

MZ세대 즉 언택트세대라고도 부른다.

'접촉을 회피한다'는 의미의 신조어 '언택트Un+Contact'는 사람 관계에서 오는 스트레스를 최소화하기 위해 비대면을 선호하게 되면서부터 트렌드가 되었다. 이미 서울대학교 김난도 교수는 '2018 10대 소비 트렌드'에서 언택트를 언급하며 MZ세대들의 문화 트렌드로 자리매김할 것이라 예견한 바 있다.

우리는 이미 언택트 시대에 살고 있다. 가장 흔히 사용하고 있는 패스트푸드점의 키오스크, 스타벅스의 사이렌오더나 카카오택시와 같이 그동안 종업원과의 대면으로 처리하던 일들을 굳이 만나지 않아도 해결할 수 있는 키오스크나 어플리케이션 기술들로 대체되었다. 바로 일상에서 경험하는 언택트 서비스다.

언택트의 흐름은 MZ세대들에 의해 형성되었다고 볼 수 있다. 정보의 홍수 시대에 MZ세대들은 자신들이 쉽게 이용할 수 있는 모바일, 태블릿과 같은 기기들을 통해 다양한 정보를 취사선택할 수 있고, 소셜 네트워크 서비스SNS에 수시로 접속하며 엄청난 양의 정보들을 공유하고 있다.

그로 인해 다른 사람과 접촉하는 것을 자신의 관심과 시간을 투자해야 하는 '피곤한' 일이라 여기며, 차라리 '불편한 소통' 대신 '편안한 단절'을 선호한다.

지금의 MZ세대들은 전화통화도 대면이라고 여기면서 '콜 포비아Call Phobia(전화공포증)'라는 말까지 생겼다. 메신저에 익숙해진 이들은 전화를 하려면 긴장이 되고 머릿속이 하얘지는 것 같은 느낌이 든다고 한다.

잡코리아와 알바몬에서 조사한 '2019 콜 포비아 현황'에 따르면 전화가 두려운 성인은 46.5%로 거의 2명당 1명꼴이다. 이들이 겪는 콜 포비아의 증상은 '전화 자체가 두렵고 무섭다', '통화 중 말을 더듬는다', '할 말을 미리 적고 통화한다' 등이다. 이는 현재 성인 44.9%가 모바일 메신저를, 17%가 문자 연락을 통해 의사소통을 취하고 있어 대면보다는 비대면 소통이 늘어났기 때문으로 보고 있다.

언택트 시대의 조직에서는 4대(베이비붐세대, X세대, M세대, Z세대)가 함께 일하고 있지만 M세대가 핵심 직급으로 성장하고, Z세대의 입사가 증가하면서 안타깝게도 기업 10곳 중 6곳은 다양한 세대가 함께 근무하는 환경 속에서 MZ세대의 관리가 더욱 어렵다는 호소가 늘었다.

흔히 알고 있는 M세대는 1980년대에서 2000년대까지 출생한 이들로 Y세대라고도 부른다. X세대의 다음 세대라서 알파벳 Y가 붙었다. Y세대는 최초의 디지털 네이티브로 'YOLO'가 주된 키워드다. 당장의 행복을 위해서 지갑을 열며, 회사와 별개로 개인의 여가 시간을 보장받고자 하는 성향이 강해 '워라밸 세대'라고 부르기도 한다.

M세대 이후 1995년부터 2010년 사이에 출생한 세대를 Z세대라고 분류한다. 20세기 마지막에 출생한 세대가 포함되어 있어 가장 마지막의 알파벳이 붙은 것으로 보인다.

M세대는 그래도 아날로그를 경험해본 세대라면 Z세대는 태어날 때부터 디지털만을 경험했고, 개인당 최소 3개 이상의 디지털 기기를 자유롭게 이용하는 것이 자연스러울 정도다. 검색할 것이 있다면 글과 사진을 찾기보다 바로 유튜브에서 동영상을 찾아보는 세대이기도 하다.

각 세대별로 사회적 배경이나 당시의 문화가 다르고, 시간이 지날수록 그 변화의 폭도 커지다 보니 세대 간 갈등이 발생하는 것은 당연한 일일 것이다. 더구나 한 조직 내에서 함께 일을 해나간 다면 그 과정에서 각자가 효율적이라 생각하는 업무 방식에도 차이가 날 수밖에 없다.

다만 분명한 것은 기성세대가 고집해온 방식으로는 MZ세대의 역량을 이끌어내기 어렵다는 점이다. 또한 앞으로의 시대 변화 속에서는 디지털 기술을 능숙하게 활용하는 MZ세대의 장점을 얼마나 잘 이끌어 내느냐 하는 것도 중요한 포인트가 될 것이다.

■ 달라진 성공방식

끊임없이 빠르게 쏟아지는 새로운 트렌드 속에서 변화의 흐름을 한눈에 이해하기란 어렵다. 무슨 신조어가 유행한다고 하더니 눈 깜박하고 나면 이미 사장된 단어가 되고 또 다른 신조어가 등장한다. 언어뿐만이 아니다. 소비문화나 라이프 스타일 등 삶의 형태 자체가 전반적으로 빠르게 변하고 있다.

더 중요한 것은 언택트세대의 트렌드가 사회 전반에 퍼지고 적용되는 기간이 점차 더 짧아지고 있다는 것이다. 그들이 하는 말, 행동, 소비하는 것들이 이제 사회 주류로 자리매김하고 있다. 대한민국 인구에서 MZ세대가 차지하는 비율이 25%가 넘어가고 있으며, 핵심적인 경제 활동을 하는 사회의 주된 집단으로 자리를 잡아가는 추세다.

이들을 이해하고 교류하기 위해 근본적으로 주목해야 할 점은 MZ세대가 지향하는 지점이 달라지고 있다는 점이다.

언택트세대는 부모 세대의 깊은 관심과 보호 속에서 자랐다. 어릴 때부터 성공에 이르는 지름길을 알려주기 위해 부모가 세워둔 표지판을 따라가기만 하면 되었다. 그러나 더 이상 언택트세대는 그 길이 인생의 성공이라고 생각하지 않는다. 그들은 기존의 기성세대가 만들어 놓은 성공 방정식에서 벗어나 그 어느 때보다 새로운 삶의 방식을 만들어가고 있다.

특히 눈여겨 볼 독특한 현상은 이들이 서울을 벗어나 지방으로 향하고 있다는 점이다. 옛날에 '말은 제주로 보내고 사람은 서울로 보내라'고 했다. 지방을 떠나 서울로 향하는 것은 성장 기회를 얻기 위한 당연한 수순 중 하나였다.

하지만 이미 서울의 성장이 끝나고 더 이상 청년세대가 발을 디딜 수 없을 정도로 모든 것이 과밀화되자, 언택트세대는 오히려 지방으로 향하기 시작했다. 물리적인 거리는 멀어도 온라인으로 언제든 연결할 수 있기 때문에 부담도 없다.

기성세대의 뒤를 따라 대기업에서 승진을 하고 임원이 되는 것을 꿈꾸기보다, 비교적 발전이 더딘 곳이더라도 개인의 만족스러운 삶을 개척하고자 하는 것이다. 사회가 정한 안정적인 길을 따르지 않고도 내가 좋아하는 일, 내가 잘할 수 있는 일에서 가치를 찾으면 된다고 여긴다. 땅값 높은 지역에 내 집을 마련하거나 돈을 많이 벌어 부자가 되지 않아도 스스로가 행복할 수만 있다면 만족스러운 삶이라고 생각한다.

그래서 회사에만 온전히 집중하지 않고 퇴근 후 부업을 하기도 하고, 혹은 이른 퇴사를 한 후 창업을 하기도 한다. 얼마 전 한 유명 가수의 딸도 미국 스탠포드대학을 수석 졸업해 좋은 회사에 취직까지 했는데, 갑자기 한국에 들어와 창업을 시작했다고 밝혀 사람들의 놀라움을 자아냈다. 예전 같으면 성공이 보장된 듯 보이는 탄탄대로를 이탈한다는 것을 본인이나 주변 사람들 모두에게 쉽지 않은 결정이었을 것이다.

다시 말해서 언택트세대는 거창한 성공을 꿈꾸기보다 자신이 구축한 일상 속에서 개별화된 행복을 추구한다는 것이다. 기성세대가 최대한 유망한 조직에서 회사의 성장에 기여하여 점점 더 높은 자리에 오르는 것을 성공이라 여겼다면, 언택트세대는 회사의 성공을 내 성공과는 별개로 생각한다.

결국 언택트세대의 인재를 영입하는 길이 더 이상 회사의 브랜드나 높은 연봉, 승진과 같은 기회가 아니라는 뜻이기도 하다.

다른 사람의 시선을 신경 쓰지 않고 나만의 삶을 찾고, 개별적인 성공을 꿈꾸는 언택트세대는 회사 시스템 안의 일부가 되기보다는 자기답게 살아가는 것을 목표로 삼는다. 기성세대의 리더가 더 많이 노력하고, 경쟁하고, 높은 자리에 올라 노후를 준비하라고 채찍질하는 것이 더 이상 그들에게는 성공을 위한 조언이 아니다.

얼마나 오랫동안 사무실 자리에 앉아 있는지를 따지는 것이 회사에 대한 충성도를 나타내는 지표라고 믿던 시절이 있었다. 하지만 지금은 디지털 장비를 갖추고 장소를 옮겨가며 일하는 일명 '디지털 노마드'로 살아가는 이들도 생겨났다.

기성세대의 입장에서는 사무실 책상 앞에 앉아 있지 않으면 회사 일을 한다고 할 수 있을지를 의심한다.

하지만 언택트세대는 규칙이나 규율보다는 조직 내에서 자유로운 의견을 제시하고 소통이 가능한 분위기 속에서 개개인의 능력을 발휘할 수 있는 시스템의 뒷받침을 원하고, 그들도 그 안에서 보람을 찾고 성장 가능성을 발견하기를 원한다.

다만 성공을 위해 대기업으로, 서울로 모여들지 않는 언택트세대에게 로컬의 가치가 높아졌다 해도 아직 지역에는 서울보다 좋은 일자리가 부족한 것이 사실이다. 그래도 그들은 결국 자신이 추구하는 가치와 함께 지역의 가치를 더불어 개척해 나갈 것으로 보인다. 아직은 기득권을 쥐고 있는 기성세대가 이러한 변화를 이해하고 함께 긍정적인 변화를 이루어 나갈 수 있어야 한다.

사회 전반에서 성공에 이르는 시스템은 점차 더 가속도가 붙어 바뀌어 나가게 될 것이다. 언택트세대가 조직 내에서 그들의 장점을 발휘할 수 있도록 이끌어주는 것이 앞으로의 기성세대가 할 일이다.

■ 달라진 휴식의 가치

MZ세대는 일명 '무민세대'라고 불린다. '없을 무無'에 영어 'Mean'을 합친 말로, 의미 없는 것에서 가치를 찾는 세대라는 뜻이다.

대학에 진학할 때까지 치열한 경쟁 속에서 부모가 시키는 대로 쉴 새 없이 달려왔지만, 막상 졸업 후에는 내 노력에 대한 보상이 쥐어지는 대신 취업난 한가운데서 아픈 청춘을 겪어야 했다. 그래서 청년 세대가 선택한 것은 가까운 곳에서 작더라도 온전한 행복을 손에 쥐는 것이다.

얼마 전 유행을 휩쓸고 지나간 아이템 중에 슬라임이라는 것이 있다. 슬라임은 물컹물컹한 촉감의 장난감인데, 특별히 그걸로 무엇을 할 수 있는 것은 아니지만, 그냥 손에 쥐고 주물럭거리는 것만으로 마음의 안정감을 느낀다는 사람들이 많았다. 많은 어른들이 '그게 뭐야?'라고 물어보고, '그걸 왜 가지고 놀아?' 하고 의아해했던 것으로 기억한다.

무민세대가 즐기는 것은 남들이 보기에는 의미 없어 보일지라도 내 마음에 만족감을 주는 '소확행'이다. 이들은 높은 곳을 바라보며 성공을 좇는 것을 인생의 목표로 삼지 않고 도리어 열심히 사는 것에 대한 회의감을 느끼고 있다.

잠을 줄이거나 아픈 몸을 이끌고 치열하게 버티는 삶보다 성공하지 않더라도 온전한 휴식이 있는 삶을 원한다. 노력한다고 해서 올라갈 수 있는 계단의 한계가 있기 때문에 애초에 상처받지 않기 위해 스스로를 위안하는 것일 수도 있다.

하지만 분명한 것은 이전 세대에 비해서 '휴식'에 대한 가치가 달라지고 있다는 것이다. 오늘의 휴식보다 미래의 안정을 위해 달리던 이전 세대와 달리 언택트세대는 알 수 없는 미래보다 당장 오늘의 휴식에 더 큰 가치를 둔다.

그렇다면 뭘 하고 쉬어야 소중한 여가 시간을 알차게 보낼 수 있을까? 놀랍게도 많은 언택트세대가 '아무것도 하지 않는 것'을 택한다. '이불 밖은 위험해'라는 농담 섞인 슬로건을 들어본 적이 있을 것이다. 실제로 2030을 대상으로 한 설문조사 결과에 따르면 아무것도 하지 않고 집에서 쉬는 휴식을 경험해봤다는 응답자가 40%가 넘었다고 한다. 멍하게 누워 영화나 드라마를 보거나 마음의 안정을 주는 ASMR을 들으면서 머리를 텅 비우는 것이다.

그들은 홀로 멍하니 휴식하는 시간도 가치 있다고 생각한다. 부모 세대는 여행을 가자고 하면 아침에 일어났을 때부터 자기 직전까지 관광할 거리를 빼곡하게 계획한다. 한마디로 '본전 뽑을' 생각을 먼저 한다. 이왕 돈 들여 여행을 갔으니 최대한 알차게 보고 먹고 경험해야 한다는 것이다.

그런데 요즘 젊은 세대는 심지어 여행조차 계획 없이 떠나는 것을 선호하는 경우가 많다. 관광보다는 내 몸이 편하고 내가 좋아하는 것을 즐기는 것이 좋은 여행이라는 생각이다.

호텔과 바캉스의 합성어인 '호캉스'를 선호하는 문화도 마찬가지다. 예전에는 호텔을 그저 잠만 자는 곳이라고 생각했는데, 요즘 20대는 비싼 호텔에 가서 주변 관광을 하지 않고 오로지 머물고 쉬는 휴가를 즐기곤 한다. 언택트세대가 이토록 휴식을 중요시하는 것이 기성세대의 시선에서는 그저 게으른 것처럼 느껴질 수도 있다. 하지만 언택트세대는 워라밸, 일과 삶의 균형을 맞추기 위해서 노력하고 있다.

사회에서는 언택트세대가 3포 세대에 이은 7포 세대라고 한다. 연애, 결혼, 출산에 이어 취업, 내 집 마련, 인간관계와 희망을 포기한 세대라는 것이다.

지금의 사회는 노력과 기회를 제공하기보다는 현실의 벽과 포기하는 법을 먼저 가르친다. 그럼에도 MZ세대가 기존 가치를 위해 바쁘고 치열해져야 할까? 이들은 기성세대의 방식대로 성공하거나 행복해지기 어려운 현실 속에서 자신들이 찾을 수 있는 행복을 누리고자 하고 있다. 게으른 것이 아니라 달라진 세대 배경 속에서 새로운 가치관이 등장했다고 봐야 한다.

Network
언택트세대의 새로운 문화

코로나19 사태 속에 미국에서는 '주머Zoomer(줌을 쓰는 세대, Z세대)' 라는 신조어가 등장했다. 1990년대 중반~2000년대 초반 태어난 Z세대가 화상회의 앱인 줌을 즐겨 사용하는 데서 빗댄 표현이다.

줌은 코로나19로 사용자가 급증한 뒤로 각종 논란에 시달렸지만, 이는 특정 서비스를 넘어 하나의 사회현상으로 여겨지고 있다. 이런 상황에서 20대~30대인 MZ세대의 마음을 얻기 위해서는 기업 문화도 젊어져야 한다.

필자 역시 급변하는 일상 속에서 언택트세대의 새롭고 때로는 생소한 면모들을 접하면서 그들에 대해 더욱 잘 알고 싶었다. 그래서 재택근무에 대한 이야기를 들어 보았다.

재택근무를 실시한 이후 대부분의 팀원들은 '할 만하다', '좋다'였는데 반해 팀장들은 '답답하다', '일 처리가 늦는다'는 반응이었다. 일부 관리자들은 바로 눈앞에서 일하는 것이 아니다보니 혹시 집에서 놀고 있는 것이 아닌가 하는 생각이 든다고 한다. 그래서 사소한 걸로도 몇 번씩 전화해서 물어보고 확인한다고 한다.

대학원 동기인 A그룹의 담당자도 업무지시를 할 때 같이 마주보고, 글이나 그림도 같이 끼적이면서 해야 소통이 잘 되는데 전화나 메신저를 통해 하려니 답답한 경우가 종종 있다고 토로했다.

반면 언택트세대들은 출퇴근 시간도 절약되고, 편하게 업무를 할 수 있어서 좋았다는 반응이 많다. MZ세대들은 회사에서의 실제 대화는 일적인 것(거의 대답, 필요한 질문)밖에 안 하고 모든 것을 사내 메신저로 대화한다. 상사나 동료가 하는 말의 A부터 Z까지를 메신저로 자기들끼리 대화하며 불평하고 불만하는 데에 그치고 절대 밖으로는 티 내지 않는다고 한다.

또한 단체 메신저에서 윗사람이 공지글을 올리면, 올드피플들은 '네'라고 답변 줄 세우기를 하고, 언택트세대는 읽씹하는 양분화된 모습도 보여주고 있다. 그래서 점점 조직의 표면적 커뮤니케이션은 줄고 인터널한 개인적 커뮤니케이션만 활발한, 그래서 자기들끼리의 불만은 증폭되어 세대 간 구분은 더욱 뚜렷해지는 것 같다.

그렇다고 재택근무에 대해 마냥 부정적이지는 않다. 코로나 전부터 1/4정도가 재택근무를 선택적으로 한 구글은 코로나 이후에 모든 업무를 재택근무로 바꾸고 재택근무 기간을 늘림으로써 재택근무에 대한 노하우를 알려주었다. 이를 벤치마킹 하면서 많은 것을 배울 수 있다.

■ 기성세대 조직 관리와 MZ세대의 조직 생활

기성세대들은 조직의 3분의 2를 차지하는 언택트 중심에 있는 MZ세대와 일하며 부딪치고 황당했던 경험들을 꺼내며 자신이 꼰대인지 아닌지 확인하고 싶어 한다. 시대와 역사를 막론하고 세대 갈등은 항상 있었지만, 조직에서의 세대 갈등은 더 복잡하다. 서로 다른 가치관과 경험을 가진 사람들이 한마음으로 목표를 달성하기란 쉽지 않다.

조직에서의 세대 갈등은 일과 관련된 모든 부분에서 일어난다. 업무를 주고받을 때의 태도, 소통 방식, 위기 상황에 대한 인식 등 출근에서 퇴근까지 하루의 대부분을 보내는 업무적 일상이 갈등의 도화선이 될 수밖에 없다.

언택트 시대에 이러한 갈등을 줄이기 위해 가장 우선적으로 필요한 부분은 언택트세대가 무엇을 생각하고, 어떻게 행동하는지를 이해하는 것이다.

'요즘 애들이 다 그렇지 뭐'라는 말로 체념하기보다 그들의 생각과 그들이 추구하는 가치를 알아야 한다. 세상의 중심이 된 MZ세대를 이해하고 인정하는 것은 비단 성과창출 문제가 아니라 기성세대가 살아남기 위해 반드시 실천해야 하는 생존의 과제다.

'조직생활은 다 그런 거야, 그냥 해!' '무슨 말인지 알지?'와 같은 말에 대다수의 언택트세대는 고구마 백 개를 먹은 듯한 갑갑함을 느낀다.

또한 언택트세대는 SSKK 문화(시키면 시키는 대로 하고 까라면 까는 문화)를 용인하지 않는다는 점이다. 그들에게 '어떻게How to'라는 방법을 바로 전달하려고 하면 안 된다. 그들을 '왜Why'라는 질문을 던지는 세대이고, 자신이 납득할 수 있는 답을 구하지 못하면 움직이지 않는다. 결국 이 부분이 해결되지 않으면 학습에 대한 내적 동기는 발현되지 않기에 투입되는 노력에 비해 얻는 것이 적어질 수 있다.

일방적으로 지시를 받아 하는 일, 상사의 손과 발이 되어 하는 일에 거부감을 느끼며, 그들은 내가 왜 이 일을 해야 하고, 이것이 팀과 조직의 성과에 어떻게 연결이 되는지, 나의 성장에 어떤 도움이 되는지를 알고 싶어 한다.

내가 하는 일이 가치가 없다고 느끼거나 회사의 비전과 미션에 어떤 영향력도 없다고 느낄 때 그들은 무기력해지며, 일에 대한 배경과 맥락을 설명하는 것은 리더의 의무라고 생각한다.

그러므로 의미를 전달하는 것을 넘어서 그들이 성장하고 싶은 모습과 일을 어떻게 연결시킬 수 있을지 대화를 나눈다면 스스로 자신의 일에 높은 가치를 부여하고 몰입할 수 있으며, 더 반짝이는 아이디어나 제안을 이끌어 낼 수 있는 세대이다.

그들은 소통에서의 투명성과 명료함을 중시하며, 아무도 모르는 곳에서 이루어지는 의사결정이나 중요 정보를 공유하지 않는 폐쇄적인 조직문화에 반기를 든다.

커뮤니케이션 스타일 역시 쉬우면서도 간결하고 솔직하며 진정성 있는 표현을 선호한다. 그들은 상사들의 모호한 표현과 불명확한 지시, 돌려 말하거나 겉과 속이 다른 리더들에게 실망한다.

근무 유연제, 재택근무와 스마트오피스 시행으로 말보다 텍스트로 하는 커뮤니케이션이 더욱 많은 요즘 소통의 투명성과 명료함은 매우 중요하다. 또한 언택트세대와 함께 일하기 위해 소통의 사각지대를 빨리 없애야 한다. 그들이 알고 싶어 하는 진실이 있다면 있는 그대로 알려주는 것이 좋다.

언택트세대도 상사가 원하는 것이 있다면 이해하기 쉬운 언어로 구체적으로 설명해주는 것이 좋다. 그들은 어떤 이슈에 신속하게 연결되고 자신의 의견을 보태는 일에 큰 만족을 느낄 것이다.

또한 개인과 개인의 인간관계에서 소통하려는 노력을 기울이는 한편, 서로 다른 세대 특성 역시도 이해해야 한다. 서로 벽을 세

우고 배척하기 전에 서로에 대해 알고자 노력한다면, 앞으로 다가
올 시대 변화와 새로운 세대의 등장 역시 현명하게 받아들일 수 있
을 것이다.

과거의 답습과
미래를 위한 변화 가능성

언택트세대는 과거의 잘못을 '피드백Feed Back' 하지 말고 미래에 잘할 일을 '피드 포워드Feed Forward' 해야 한다. 구체적으로, 즉시, 감정 아닌 사실 중심으로, 긍정적 사실을 가미하여 이뤄져야 효과가 있다.

하지만 피드백에도 한계는 있다. 피드백이라는 단어에서도 볼 수 있듯이 이는 '과거'를 다루는 기술이며, 과거는 이미 지난 일이기 때문에 결코 바꿀 수 없다는 문제가 있다.

특히 누군가 피드백을 받는 경우를 관찰해보면 당사자가 느끼고 반응하는 감정이나 태도는 쑥스러움, 창피함, 지루함, 후회 등 불편하고 부정적인 반응이 대부분이다. 그래서 바꿀 수 없는 '과거'를 다루는 기술인 피드백의 한계를 극복하고자 나타난 방법이 '피드 포워드'이다.

사실 피드백은 이론적으로 그 대상이 사람이 아니라 성과, 결과물을 다뤄야 한다. 하지만 실제로 이뤄지는 피드백을 보면 사람을 걸고넘어질 때가 많다. 그래서 과거의 실수나 실패를 디딤돌로 삼는 건설적인 대화가 이뤄지기는커녕 비판의 연속으로 인해 서로의 감정의 골만 깊어져 관계를 망치는 경우도 발생한다.

그래서 피드 포워드는 아직 일어나지 않은 실행 가능한, 변화 가능한 미래의 일을 중심에 둔다. 피드백이 과거의 실패에 대한 기억을 강화한다면, 피드 포워드는 미래의 변화 가능성에 대한 생각과 의지를 강화시킨다.

팀원이 최종결재를 위해 계약서를 박과장에게 가져가 서명을 받았어야 하는데 착각해서 조과장에게 가져가 서명을 받아왔을 때

○ **피드백**

"왜 이걸 조과장에게 가져갔나요? 내가 분명 박과장에게 가져가라 했을 텐데요? 왜 그랬나요?"

○ **피드 포워드**

"다음부터는 계약서 결재를 받으러 가기 전 이팀장에게 결재자를 한 번 더 확인하고 가는 게 좋을 것 같아요. 어때요?"

> 팀원이 나에게 다가와 지난 사안에 대해 발전적인 조언을 구할 때
> "제가 발표를 앞두고 종종 발표 자료를 빠트리고 발표장에 가는데… 어쩌면 좋죠?"

○ 피드백

"왜 빠트리고 갔나요? 어떻게 할 셈이죠?"

○ 피드 포워드

"발표장으로 향하기 전 체크 리스트를 만들어 재확인하는 습관을 만드는 방법이 유용할 것 같은데 참고하시면 좋을 것 같아요."

피드백과 피드 포워드 차이

피드백	피드 포워드
과거의 일을 기반	미래에 일어날 일을 기반
피드백을 주는 사람이 주체	피드백을 구하는 사람이 주체
격식을 따짐	격식에 얽매이지 않음
피드백은 가끔씩 일어남	피드 포워드는 항상 진행

* 자료 : 조 허시의 유튜브 동영상
〈Feedforward: The New Mindset For Perforformance Management〉

중요한 점은 제안 강요나 지시, 가르침과는 조금 다르다. 일방적으로 '이렇게 하세요!'라고 말하는 것과 다양한 가능성과 아이디어를 펼쳐주는 것은 완전히 다른 이야기다. 특히 상대의 기술 수준이 다소 낮은 상황에서는 피드 포워드가 큰 기능을 발휘하게 된다. 선택의 가능성을 넓혀주고 선택은 본인이 스스로 할 수 있게끔 도와주는 방식이 피드 포워드의 핵심이라 할 수 있다.

오해하지 말아야 할 것은 피드백이 맹목적으로 지양되어야 하는 기법은 아니다. 피드백도 그 쓰임새가 다양하며 아주 유용하게 사용된다. 다만 누군가에게 미래의 일에 대한 대안을 제공할 때 상대의 변화와 가능성을 고려한 미래 지향적인 답변, 해결책을 제안해줄 수 있다는 점에서 피드 포워드의 강점이 드러난다.

피드백의 효과는 해당 조언을 듣는 사람이 이를 받아들이고 실천한 후에 나타난다. 만약 피드 포워드 방식의 조언을 개인이 받아들이지 않는다면, 해당 조언을 주는 사람은 무엇을 할 수 있을까? 피드 포워드는 상대방이 무언가에 대한 통찰을 할 수 있도록 만드는 것이지, 변화를 강요하는 방법이 아니다.

사람들이 자신에게 주어진 피드백을 무시하는 대부분의 이유는 피드백을 받아들이길 강요했다는 느낌을 받아서다. 아울러 피드백은 개인이 스스로 무언가를 개선할 수 없다는 가정 하에 주어진다. 반면 피드 포워드는 개인 스스로가 변화의 주체가 될 수 있도록 해준다.

피드백을 과거 시점이 아닌 미래 시점으로 바꾸는 것만으로도 피드백의 단점을 크게 보강할 수 있다. 시점이 과거일 때에는 과거 지향적이며, 시점을 미래로 바꾸면 앞을 바라보게 된다.

과거의 실수는 반복하지 않고, 앞으로의 성공을 생각해야 한다. 과거를 바라볼 때에는 지금까지의 실수를 차분하게 분석하면 된다. 미래를 위해서는 행동이 필요하고 과거는 이미 정해졌기에 돌이킬 수 없다.

미래는 아직 미지수다. 과거는 바꿀 수 없지만, 미래는 언제든
지 바꿀 수 있으므로 상황과 성향을 잘 파악해서 피드백과 피드 포
워드를 사용하면 좋을 것이다.

Switch
개인의 시대를 이끈 초 연결시대

■ 언택트 시대의 세대별 갈등

플라톤도 '요즘 것들은 버릇이 없다'는 말을 했다고 한다. 젊은 세대를 향해 비판적인 시각을 보내는 것은 비단 오늘날만의 일이 아니다.

하지만 요즘의 MZ세대 역시 기성세대에 대한 부정적인 인식이 커지고 있는 추세다. 나이든 사람을 낮잡아 이르는 '꼰대'나 '틀딱 (늙어서 틀니를 한 사람)'이라는 용어까지 생길 정도다.

한 조사에 따르면 젊은 세대의 3명 중 1명은 기성세대가 그들의 노력에 비해 큰 혜택을 누리고 있으며, 다른 세대를 배려하지 않는다는 인식을 가지고 있다고 한다.

우리나라의 사회 갈등 지수가 2016년의 기준으로 OECD 국가별 사회 갈등 지수에서 34개국 중 3위에 해당할 정도로 높은 순위를 기록하고 있다. 아마 지금의 갈등 지수는 더 올랐을지도 모른다. 세대 갈등을 예방하고 해결하기 위해서는 먼저 그 원인에 대해 알아야 할 것이다. 왜 세대 간 갈등의 폭이 좀처럼 줄어들기 어려운 것일까.

세대 갈등의 주된 원인 중 하나로는 시대적인 변화를 들 수 있을 것이다. 한국 사회는 매우 가파른 경사를 그리며 급격하게 발전했다. 기성세대가 청년일 때 중요했던 것은 기본적인 먹고 사는 문제였다. 그러려면 직장에 안정적으로 안착하는 것이 인생에 있어 중요한 과제 중 하나였다. 이후 그들은 경제 성장을 일구어냈고 자신들의 노력으로 지금의 성취를 이루어냈다고 여긴다.

고속 성장하는 산업화 사회를 겪어온 기성세대와 달리 MZ세대는 디지털을 기반으로 한 정보화 사회를 기반으로 살아오고 있다.

풍족한 먹거리와 안정적인 생활을 누릴 수 있기에 당장 먹고 사는 생존에 대한 걱정은 적지만 더 이상의 경제 성장을 기대하기도 어려운 시대다. 높은 집값과 늘어나는 실업률을 겪으며 청년층은 기성세대보다 더 많이 노력해도 그들보다 더 나은 것을 가질 수 없는 상황에 놓였다.

이러한 배경 속에서 기성세대는 MZ세대가 그들처럼 치열하게 노력하지 않는다고 생각하고, MZ세대는 기성세대가 이미 좋은 시대를 모두 누렸다는 박탈감을 느낀다. 굳이 이러한 거시적인 차원에서 보지 않더라도 조직 내에서 개별적이고 실질적인 세대 갈등을 해결해야 하는 상황에 놓여 있다. 이는 문화적 경험이나 사고방식의 차이도 원인이 될 수 있겠지만, 무엇보다 소통의 부재가 가장 주된 원인이라고 본다.

기성세대가 조직에서 살아남고 성장하기 위해서 유지해온 것들, 연대 책임이나 집단을 위한 개인의 희생들을 MZ세대는 받아들이지 않는다. 조직에 공동체 의식을 불어넣었던 수직적인 계급주의는 MZ세대에게 의사소통의 방해 요인일 뿐이다. 기성세대에게 당연했던 것이 MZ세대에게는 당연하지 않은 것이 되었고, MZ세대에게 당연한 문화가 기성세대에게는 생소하다.

그리고 그 차이에 대하여 소통으로 교류하지 않다 보니 서로의 '다름'을 '틀림'으로 인식하고 만다. 더불어 디지털의 발달로 정보에 대한 접근성에 격차가 생기고 빠른 트렌드 변화를 기성세대가 따라잡지 못하면서 아예 대화의 단절로 이어지는 경우도 많다.

아직까지는 기성세대가 사회를 이끌고 있는 핵심 세대지만 향후 몇 년 이내에 직장과 조직 내 MZ세대의 비중은 크게 늘어날 것이다. 이에 기업들이 필연적으로 겪게 될, 또 이미 겪고 있는 문제 중의 하나가 바로 세대 간의 갈등이다. 서로 다른 가치관과 직장에 대한 다른 인식으로 부딪칠 수밖에 없게 되는 것이다.

세대 갈등을 줄이려면 젊은 세대도 나이든 세대의 지혜에 귀를 기울이고 이해의 폭을 넓히려 노력할 필요가 있다. 하지만 세대 갈등을 주도적으로 해결할 수 있는 주된 열쇠는 여전히 기득권을 지닌 기성세대가 쥐고 있다.

많은 기성세대가 새로운 가치관을 지닌 세대를 이해하고 배려하려 노력하면서도 한편으로는 자신들이 기준이며, 그 기준을 느슨하게 풀어 주고 있을 뿐이라는 생각에서 잘 벗어나지 못한다. 이 정도로 편의를 봐줬으면 고맙게 여겨야 한다는 생각에서 벗어나지 못하면 여전히 존경받지 못하는 꼰대로 남을 수밖에 없다.

기성세대가 보기에 MZ세대의 방식이 낯설고 부정적인 면이 더 두드러지게 느껴질 수 있다. 하지만 기존의 방식을 고수하려 애쓰기보다 그들의 특성을 직장 내에서 올바르게 이끌고 활용하는 방향으로 고민하는 것이 어떨까.

올바른 동기부여와 MZ세대의 성향에 맞지 않는 수직적인 조직 문화의 개편이 필요하다. 그러한 변화로 인해 우리가 생각하던 한계치를 뛰어넘는 뜻밖의 성과를 만나볼 수 있을지도 모른다.

언택트세대와 공감하는 방법

■ 사고방식의 변화로 세대 간 간극을 좁혀라

관심은 겸손, 잔소리는 판단

겸손한 자기 성찰이 없는 말은 상대를 위한다고 하더라도 '나는 옳고 너는 그르다'는 교만한 판단일 뿐이다. 내가 상대방의 마음과 상태를 잘 파악하고 있는지, 상대방의 결정이 맞고 내가 생각하는 것이 틀린 것은 아닌지, 내가 이런 말을 하는 것이 정말 상대방을 위해서인지 아니면 원하는 것이 따로 있는지 진지하게 생각해보자.

'이 말을 꼭 해야 할까' 자문하라

답은 정해져 있으니 너는 무조건 따라 하라는 '답정너' 태도를 보이면 듣는 상대방은 얼마나 답답할지, 억울할지 생각해보았는가. 상대방에게 어떤 말을 건네기 전에 '이 말을 꼭 해야 할까' 하고 자문하는 습관을 들이자.

입은 닫고 귀는 열어라

기성세대의 특징 중 하나는 상대가 듣건 말건, 좋아하든 싫어하든 아랑곳없이 자기 말만 잔뜩 늘어놓는 태도다. 같은 내용을 반복하고, 아는 것이 많다 보니 상대를 가르치려고 한다. 본인은 조언이라지만 상대에겐 잔소리일 뿐이다. 가능한 입은 닫자. 그냥 빙그레 웃으며 들어주고, 공감해주면서 격려하는 것이 어른의 덕목이다.

비판과 조언을 명확히 구분하라

잔소리가 아닌 조언이 되려면 상대에게 허락을 구해야 한다. '각자 보는 시각이 다르겠지만 내 의견을 좀 말해도 될까?', '좋은 선택을 위해 내 관점을 나누고 싶은 데 괜찮을까?' 하고 허락을 구하자. 자신의 기준을 들이대며 일방으로 단언하는 것은 조언이 아니라 비판이다. 충고가 아니라 비난이다.

정보를 요청하라

훈계와 설교를 하는 것보다 답을 구하는 편이 낫다. 요즘 뜨는 핫플레이스, 영화, 트렌드 등 젊은 세대가 알 만한 것이나 흥미로워 할 것에 대해 정보를 요청해보자. '내가 ○○하려고 하는데 요즘 재미있는 게 뭐가 있나?'하며 구체적 정보를 요청할 때 젊은 세대는 신나게 말문을 열 것이다.

■ 젊은 세대도 노력하는 자세가 필요하다

가능성을 여는 말투

직장 상사가 업무를 주면서 '6시까지 끝내'라고 했는데 그 시간 안에 끝마칠 수 없다면 어떻게 말해야 할까? 앞뒤 없이 '6시까지는 무리예요'라고 말하는 것보다 '자료가 너무 방대하네요. 이건 내일 점심시간 전까지는 끝낼 수 있겠는데, 그래도 괜찮으세요?' 식으로 이야기하자. 거절하는 단어를 전혀 사용하지 않는 동시에 자신의 견해까지 밝힐 수 있다.

상사의 의도를 정확히 파악하라

'잘 이해가 되지 않는 부분이 있는데 이것은 이 내용이 맞나요?' 상사가 업무를 지시했을 때는 그 이유와 맥락을 이해하는 노력이 필요하다. 모호한 내용에 대해서는 추가 질문을 함으로써 상사의 의도를 명확히 아는 것이 중요하다. 이러한 노력 없이 결과가 잘못되면 되돌아오는 것은 질책과 잔소리뿐이다.

업무 진행 상황을 수시로 공유하라

상사로부터 업무 지시를 받았을 때는 수시로 진행 상황을 공유하자. 일을 지시한 상사는 업무의 상황이 늘 궁금하기 때문이다. '네가 알아서 잘할 텐데 웬 잔소리'라고 생각하는 순간 상사에 대한 불만도 쌓여갈지 모른다.

세련되게 거절하고 요청하라

특히 Y세대와 Z세대는 똑똑하고 문제의식도 강해서 매사에 '그게 맞을까' 하고 의문부호를 던진다. 이러한 기질이 기성세대에게는 불편함을 줄 수 있다. 그래서 기성세대가 기분 상하지 않도록 센스 있게 거절하고 요청하는 기술을 발휘할 필요가 있다. 매몰차게 거절하기보다 질문을 통해 숨은 의도를 파악하고 상대의 답을 유도할 줄 알며, 다른 대안을 제시하는 노력도 필요하다.

■ MZ세대를 이해하고 공감하는 커뮤니케이션

인신공격은 금물

MZ세대는 누구에게 혼나는 것 자체를 잘 견디지 못한다. 특히 조심할 부분은 무례한 비판이나 인신공격을 하지 않는 것이다. '넌 머리가 나쁜 거니?', '무엇 하나 제대로 하는 것이 없냐?' 식의 표현은 상대방의 감정만 상하게 할 뿐 아무것도 나아지게 하지 않는다.

실수 지적과 부정적인 피드백은 팩트 위주로

'라떼는(나 때는) 말이야'로 시작해 '요즘 젊은 애들은 노오력(노력을 강조하는 뜻으로 쓰는 말)이 부족해'라고 단정 짓는 기성세대의 '내가 해봐서 아는데' 혹은 '우리 때는 이런 건 상상도 못했어, 너희는 복 받았다'와 같은 훈계는 기분만 나빠질 뿐이다. 실수가 있었다면 무엇을 보완하고 어떻게 고쳐야 할지 팩트 위주로 이야기하며 도와주는 것이 바람직하다.

일방적 비판이 아닌 논의하는 방향으로

'다시 해와', '이건 별로야', '왜 이렇게밖에 못해?'가 아니라 실질적으로 이해할 수 있는 논리적인 지적을 기반으로 해야 한다. '이건 어떻게 생각해서 이렇게 진행한 거야?', '내 생각에는 이렇게 하면 좋을 것 같은데, 왜 이렇게 하면 좋다고 생각했어?' 식으로 함께 논의하는 방향으로 다가가는 것이 좋다.

의견을 묻는 가정의 언어

'안 해봤는데 어떻게 알아?', '그건 아니고, 이렇게 해야지' 상대의 생각을 무시하는 자기 확신으로 가득 찬 단정적인 언어에 젊은 세대는 거부 반응이 크다. '나도 확실히는 잘 모르겠지만 이런 면도 있지 않을까?'라는 식으로, 나도 틀릴 수 있다를 전제로 의견을 묻는 가정의 언어를 사용해보자.

상대방을 존중하는 언어

부하직원을 부를 때 '야!'가 아닌 'ㅇㅇ님'으로, 'ㅇㅇ 해라'가 아닌 'ㅇㅇ 좀 부탁해'라고 존중하는 말을 사용하자. 사람은 지위가 높을수록 주로 명령어를 쓰게 되는데, 이는 요청이 아니라 상하관계를 확실히 구분 짓는 말이다. 이런 말을 들으면 젊은 세대는 상사의 명령을 거절하거나 불만이 생겨도 반감을 드러내기가 어려워진다.

칭찬은 구체적으로

'좋아, 잘했는데 이거 하나만 이렇게 바꿨으면 완벽했을 텐데!' 이런 칭찬은 순수하게 칭찬을 받은 것처럼 느껴지지 않을 가능성이 높다. 결국 뒤에 나오는 본론이 지적이기 때문에 칭찬은 진심이 아니라고 생각하거나 중요하지 않다고 생각해 금방 잊어버리게 마련이다. 칭찬은 처음부터 끝까지 일관되게 그리고 구체적으로 말하자.

공감 리액션 '아~'

젊은 세대가 말할 때 자신의 입장부터 내세우거나 방어하려 들지 말고 그 사람의 입장에서 '아~' 하고 공감하는 말을 할 수 있도록 습관을 들이자. 누군가 자신의 이야기를 하소연했을 때 반사적으로 '그게 뭐가 힘들어?'가 아니라 '아, 그랬구나' 하고 고개를 끄덕여주는 것만으로도 관계는 분명히 달라질 것이다.

사적인 영역에 오지랖은 그만

'부모님은 무슨 일 하시나?', '만나는 사람은 있고?', '왜 결혼을 안 해?', '아기를 안 낳으면 어쩌려고 그래' 등의 지극히 사적인 질문은 불편함을 줄 뿐이다. 요즘 세대는 기성세대, 특히 직장 상사와 자신의 사적인 TMITo Much Information를 나누고 싶어 하지 않는다. 애초에 친해지는 것과 일을 하는 것은 별개의 영역이라고 여긴다.

동일한 인간으로 존중하라

젊은 세대는 기성세대와 자신들의 세대가 이미 판이하게 다르다는 것을, 그래서 몇 십 년 전의 사례가 동일하게 적용되지 않는다는 사실을 잘 안다. 거기에 대고 '네가 지금은 어려서 모르지만 나중에는 알게 될 거야'와 같은 말을 한다면 더 이상의 대화는 어려워진다.

PART
02

지금 세대의
라이프 스타일

당연한 것들의
새로운 해법

> 늘 에너지가 넘치며 활기찬 모습으로 인해 조직 내에서 인기가 많았던 K 과장은 요즘 무기력하게 멍 때리거나 한숨이 빈번해졌다. 무슨 일이 있는지 묻는 말에 사람을 만나고 저녁에는 술도 한잔하며 스트레스를 풀어가던 하루하루가 그립다고 한다.

얼마 전까지 너무나 당연한 일상이었는데 코로나로 맞게 된 팬데믹으로 인해 당연한 것들이 당연하지 않은 세상이 되어 버렸다. 직원들과 같이 점심식사하고 수다를 떨던 순간을 추억하게 되었고, 자기 자리에 조용히 앉아 혼자 샌드위치나 도시락을 먹는 것이 일상이 되었다. 회사에서도 마스크를 쓰고 근무하다 보니 답답해 숨쉬기도 힘들고 직접 만나서 진행하던 회의가 언택트 방식으로 전환되면서 풀어가기 힘들었던 일들은 더욱 힘들어졌다. 어려운 상황에도 불구하고 조직생활을 해야만 하는 언택트세대들은 끝을 알 수 없는 상황 속에서 해결을 위한 솔루션을 찾아야 한다.

재택근무와 언택트 워크Work로 인해 절감되는 시간을 활용할 수 있다. 이 시간들은 회사 생활을 하며 공식적으로 내 시간이라고 주장할 수 있는 유일한 시간이다. 절감하는 시간을 활용하여 마음을 돌볼 수 있는 활동을 통해 우울감을 벗으려는 노력을 할 수 있다.

예를 들면 그동안 미루어 뒀던 미드, 영드 등을 정주행하거나 보고 싶었던 책을 읽는 것, 유튜브를 통해 가죽이나 향초, 요리 등 배우고 싶었던 것들을 보고 퇴근 후 직접 실습해 보는 것이다.

스마트폰 주소록을 들여다보며 친한 지인과의 전화 통화나 인스타를 보거나 카톡으로 연락을 주고받는 방법도 있다. 얼굴을 마주 볼 순 없지만 목소리나 사진 근황, 대화를 주고받는 것만으로도 허전한 마음을 달래며 심리적 안정감을 가지는데 도움이 될 것이다.

가끔은 한동안 만나지 못했던 지인에게 아무 이유 없는 커피 한잔의 쿠폰을 보내며, 누군가 나를 생각하고 있다는 큰 감동과 기쁨을 간접적으로나마 전달할 수 있다. 정서적으로 연결된 기분을 느끼며 관계를 더욱 돈독하게 만들 수도 있다. 이러한 행동들은 나로 하여금 상대방과의 깊은 관계로 이어질 수 있는 기회가 되기도 한다.

또한 우리는 정확한 정보를 필요한 만큼만 얻고자 노력해야 한다. 불확실한 정보는 오히려 불안과 스트레스를 가중하며 이성적인 판단을 어렵게 만들기 때문이다. 심리학 전문가이신 김경일 교수는 '불안은 사실을 통해 해소가 된다'고 했다. 모두가 코로나 팬데믹으로 인하여 심리적인 어려움을 겪고 있지만 한국 사회의 불안은 다른 나라에 비해서 크지 않다고 한다.

대한민국은 매일 매일의 확진자 숫자를 정확히 안내하며 사실을 정확히 전달하고 있기 때문이다. 사실을 정확히 알고 있는 대한민국 국민들의 불안감은 정확한 사실을 접하지 못하는 다른 나라보다 덜하다는 것이다.

아무리 노력을 하여도 스스로 극복할 수 없는 현실을 정확히 인식하고 받아들여야만 한다. 대신 정확하게 인식하고 받아들여 대안을 찾아야 한다.

마지막으로 지금 겪는 상황은 모두 함께 겪고 있는 것이다. 코로나 속에서 살아가는 모두는 관계 지향적인 사람이든 내향적인 사람이든 서로 간의 만남을 조심하게 된다. 혹시라도 모를 상황이지만 코로나 상황 속에서 세상과의 단절을 겪으며 살아가는 존재가 '나' 뿐만이 아닌 '우리'라는 것을 명확히 인식한다면, 이런 관점의 전환과 인식은 나의 감정을 평안하게 만들어 줄 것이다.

지금까지 설명한 행동과 심리의 변화를 통하여 우리는 삶의 새로운 해법을 찾아 갈 수 있을 것이라 기대해본다. 일상에서 새롭게 생기는 시간이나 절약한 시간을 활용하여 활동과 마음을 다시 세팅하며 마음의 안정을 찾을 수 있기를 기대한다.

언택트세대의
슬기로운 소통 생활

늘 나긋나긋하며 인사성이 밝고 예의가 바르기에 회사 내에서 평판 만점 이었던 마케팅부 S과장은 항상 인기가 좋았다. 그런데 언택트 업무 방식 의 일환으로 온라인 메신저에 친구 추가를 하게 되는 상황이 생기면서 지 금껏 밝고 예의 바른 이미지였던 S과장의 다른 모습을 보게 되었다. 사람 들이 S과장의 온라인 메신저에 남김 말과 프로필 사진을 확인하면서 지금 까지 몰랐던 어두운 분위기의 프로필 사진과 우울한 자기 비하적인 남김 말 멘트는 그 전의 그와는 딴판이었으며 마치 다른 세상에서 온 사람으로 보이게끔 만들었다. 이로 인해 사람들은 S과장에게 우울하며 어두운 내면 을 가진 사람이라는 프레임을 씌우기 시작했다.

오프라인뿐만 아니라 온라인 속에서의 이미지메이킹이 필수적인 세상이 되었다. 온라인 메신저에서의 남김 말과 프로필 사진은 이미지를 좌우한다. 이미지를 좋거나 또는 나쁘게 보여주기도 하며 사람들로 하여금 다양한 이미지로 보게끔 할 수 있다. 즉 상대방에게 긍정적인 반응을 이끌어내며 호감을 줄 수 있도록 신뢰성 있는 사진과 남김 말을 남기도록 해야 한다.

개인 영역의 메신저는 말 그대로 개인 메신저이고 잠시의 기분이 표현될 수도 있지만 업무 상황의 온라인 메신저 사용은 업무적인 관점에서 프로패셔널한 모습을 보여야 하기에 메신저의 프로필 사진과 남김 말은 업무적인 이미지를 고려하여 신중히 남겨야 한다.

인스타, 페이스북과 같은 SNS에 업로드 하는 글 또한 항상 신중히 업로드를 해야만 한다. 많은 사람들이 개인의 취미, 흥미 등을 담기 위해 시작한 SNS는 다양한 용도로 확장되어 사용되고 있으며, 회사에서는 직원 관리의 관점에서 사용하고 있다.

인사담당자 커뮤니티에서는 아프다는 이유로 연차계를 낸 직원이 SNS에 여행 다녀온 사진을 올렸다가 다른 직원이 이를 발견하고 인사팀에 신고한 사례가 공유된 적이 있다. SNS는 개인에게 재미, 추억 저장의 공간이 될 수도 있지만 자신의 사적인 영역을 공유하는 공간이기에 득과 실을 가진 양날의 검과 같은 공간이다.

SNS를 사용하는데 있어 지나친 게시글 업로드는 자신의 가치와 업무를 진행하는 신뢰도를 떨어뜨릴 수 있다. 특히 다른 사람들로 하여금 일이 없는 '월급 루팡'이라는 인상을 심어줄 수 있다.

업로드의 횟수와 게시글을 신경 쓰며 주계정과 부계정을 분리하여 운영하는 것도 방법이다. 정치적인 내용이나 종교적인 내용은 지양하며, 주계정에는 내가 하는 일, 경력에 관한 내용들을 업로드 하여 개인 브랜딩과 이미지를 높이며 업무 신뢰도를 끌어 올려 줄 수 있다.

언택트 시대의 이미지메이킹은 SNS와 메신저를 기반으로 좌우된다는 점을 명심하자. 목적성 없는 무분별한 SNS는 지양하고, 온라인 메신저의 올바른 활용을 통해 본인의 가치를 가꿀 수 있는 도구로 현명하게 사용하자.

언택트세대의 사람 관계법
: STAY Connected

텅 비어있는 지하철을 탄다고 가정을 해보자.

지하철 자리는 보통 의자 한 줄에 7자리가 있다. 1번부터 7번까지 번호를 매겨보자. 그리고 당신은 1번부터 7번까지의 자리 중 어디에 앉을 것인가? 1000명 중 999명은 1번 혹은 7번 양 끝자리를 선호할 것이다. 그렇다면 만약 1번에 누군가가 앉아 있고 2번에서 7번 사이의 자리에 앉아야만 한다면 어디에 앉겠는가? 대부분은 7번 자리를 선호할 것이다. 마지막으로 지하철을 타려고 하는데 나랑 정말 친한 친구가 1번에 앉아 있다면 어디에 앉을 것인가? 대부분 당연하게 2번에 앉을 것이다. 여기서 말하고 싶은 것은 물리적 거리가 가까울수록 친근감을 느낀다는 것이다. 사람과

사람 간의 사이는 물리적 사이가 친밀도를 결정하고 결국 물리적 거리는
친밀감의 지표를 나타낸다.

— 고려대학교 〈교육심리학〉 김미라 교수의 강의 중에서

사람과 사람 간의 관계는 물리적 거리가 가까울수록 친근감을 느끼기에 본인이 필요한 관계에 있어서 늘 가까운 거리를 유지하는 것은 필수다. 그러나 서로의 건강과 안전을 위해 사람과 사람 간에 물리적으로 일정 거리 이상 가깝게 유지한다는 것은 어려워졌다.

그래서 소중한 인연과의 심리적 거리라도 가깝게 유지할 수 있는 방법을 고민해 볼 필요가 있다. 물리적 거리 두기 속에서 심리적으로 가까운 거리를 유지할 수 있는 방법은 표현, 즉 소통이 선행되어야만 한다. 표현하지 않은 관계는 멀어지기 마련이다.

상대방에게 고마운 마음이 클수록 스스로가 당연하게 받아들이지 않아야 하며 상대방에게 고마워하는 마음에 대해서 목소리로 표현할 줄 알아야만 한다. 반대로 상대방에게 미안한 마음이 클

수록 미안한 마음을 가지고 있다고 표현할 줄도 알아야 한다. 그래야 상대방과의 심리적 친밀감이 서로 더욱 더 가까워질 수가 있는 것이다.

조직 생활의 시작점에 서있던 신입사원 시절에는 '미안하다'는 말과 '고맙다'는 말을 습관처럼 내뱉으며 생활했다. 늘 긴장하며 상사와 회사에 누가 되지 않기 위해 많은 노력을 하였다.

시간이 흘러 어느 정도의 직급에 있으면 위, 아래로 치이며 가족까지 챙겨야 하는 상황 속에서 신입 시절의 고맙고 미안했던 감정들은 점차 사라진다.

회식의 문화가 사라지는 요즘 서로 간의 감정 표현은 더욱 어려워지고 있다. 서로의 눈빛과 얼굴을 마주하며 감정을 나누고 이야기하던 일상이 막혀버린 현실 속에서 우리는 타인과의 관계를 마음으로나마 가깝게 유지할 수 있도록 노력해야만 한다.

'카카오톡의 선물하기'와 같은 형태는 지인들에게 마음을 전하고 관계를 돈독히 만들어주는 좋은 기능이다. 단순히 물질적인 무언가를 건네는 것에서 끝나는 것이 아니라, 커피쿠폰 하나가 아니라 상대방에게 차 한 잔의 여유와 피곤을 달래길 바라는 마음을 전달하는 것이다. 누군가로부터 받는 관심에 상대방 역시 나를 생각하는 순간을 가질 것이다.

> 인연이란 이 세상 아무 곳에다 작은 바늘 하나를 세우고 하늘에서 아주 작은 밀씨 하나를 뿌렸을 때 그게 그 바늘에 꽂힐 확률… 그 계산도 안 되는 확률로 만나는 게 인연이다.
>
> — 영화 〈번지 점프를 하다〉 중에서

우연히 생기는 인연이라 할지라도 정말 희박한 확률로 귀하게 만들어지는 것이 사람의 인연이다. 그렇기 때문에 맺고 있는 인연들이 소중하고 중요하다.

물론 모든 인연을 다 잘 챙기는 것은 물리적으로 어려운 일이다. 다만 나와 맺은 인연들에 대해 소중하고 감사해하며 할 수 있는 작은 것부터 표현하고 챙겨보자. 직접 만나 얼굴 보기 힘든 상황에서 누군가와의 관계를 이어나가는 것이 쉽지는 않겠지만 자신만의 노하우가 필요한 시점이다.

외롭지 않은
혼자만의 시간

혼자 지내는 시간은 누구나 필요하고 그 시간을 가지려 노력한다. 그러나 쉽게 주어지지는 않는 시간이다. 우리는 그동안 일을 하며 지인과의 관계를 유지하기 위해, 인맥을 형성하기 위해, 다른 이들과 어쩔 수 없이 함께 하는 시간을 보냈다. 취미 활동을 하거나 자기계발을 하기 위해 사람들과의 다양한 활동과 소통을 하며 살면서 의외로 혼자 지내는 시간이 많지 않았다. 가만 생각해보면 혼자만의 시간은 아무 때나 주어질 수 있는 일상이 아니었다.

혼자 지내는 시간이 적으면 자신의 상태를 파악하기가 힘들다. 어느 순간 쌓인 스트레스가 자신도 모른 채 화산이 폭발하듯이 불시에 도출되기도 한다. 많은 사람과의 관계를 만들고 유지하면서 다양한 사람들과의 시간을 보내면서 관계 속에서 발생하는 스트레스가 심리적으로 누적되어 갈 수밖에 없는 것이다.

주어진 시간인 하루 24시간을 효율적으로 쓰기 위해 바삐 움직이다 보면 체력적으로 지치며 결국 번아웃되는 상황을 경험할 수 있다. 배우 정해인도 번아웃 증후군을 앓았다고 하는 인터뷰를 본 적이 있다. 쉬지 않고 일하면서 몸과 마음에 마일리지처럼 누적된 스트레스들이 한순간에 빵하고 터지며 번아웃으로 오는 것이다.

혼자서 보내는 시간은 '번아웃'으로부터 나를 내려놓고, 나에게 몰두하고 집중하며 몸과 마음을 돌처럼 단단히 만들어준다. 《생각 버리기 연습》의 저자인 코이케 류노스케는 '혼자 있는 시간을 어떻게 보내느냐가 미래를 결정한다고 생각한다'고 하였다.

혼자서 보내는 시간은 가치가 없던 아이디어를 알차게 만들어 주기도 한다. 한국인이 가장 사랑한다는 프랑스 작가인 베르나르 베르베르가 한 TV 프로그램에 나왔다. 《개미》라는 소설을 무려

12년의 시간을 투자하며 썼던 그는, 상상력의 원천에 대한 질문에 '혼자 있는 시간'이라는 답을 하였다. 또 매일 스케줄에서 빼놓지 않고 하는 것이 '산책'이라고 한다. 그는 많은 명상의 시간을 갖곤 하였다. 혼자만의 시간을 토대로 몰입 속에서 또 다른 아이디어를 창출해 낸 것이다.

각자 나름대로 직장생활을 하며 눈앞의 현실 속에 치중하면서도 이루고 싶던 것들이 있을 것이다. 그리고 삶을 살아가며 한번쯤 나를 성장시키기 위하여 승부수를 띄워야 할 시점이 있다. 바로 지금 이 시간이 그때일지 모른다.

다른 사람과의 직접적인 관계 맺기가 어려운 시점에 삶을 한번 점검해보면 어떨까? 가능하다면 내 시간을 온전히 확보하여 더 없이 몰입하며 원하는 결과물을 이뤄낼 수 있을지도 모른다.

밀밀착착, 좋은 습관을 만드는
프로젝트 SMART

인간은 살다보면 같은 실수를 반복한다. 하지만 실수가 반복될수록 그로 인한 피해는 증가한다. 처음 한두 번 실수에서의 피해는 크지 않지만 실수가 늘어날수록 피해는 자꾸만 증가하는 것이다. 그렇기 때문에 우리는 작은 실수라도 간과해서는 안 된다. 특히 습관으로 형성되지 않도록 주의해야 하는 것이다. 습관이라는 것을 고치는 것은 참으로 어려운 일이다. 하지만 삶을 좋은 방향으로 이끌어가기 위해 좋은 습관을 형성하는 것은 반드시 필요하다.

습관을 형성하기 위해 우리가 알아야 할 전제 조건이 있다. 나쁜 습관을 고치는 것보다 좋은 습관을 만들어가는 것이다. '사람은 고쳐 쓰는 것이 아니다'는 말처럼 사람은 쉽게 변하지 않는다. 그래서 더욱 자신을 객관적으로 판단하며 좋은 습관을 만들기 위해 노력해야 한다.

좋은 습관은 좋은 식습관과 운동 습관의 형성을 통한 체중 감량과 몸의 질병 감소, 시간을 효과적으로 쓰기 위한 습관 형성 같은 것을 의미한다. 좋은 습관은 지속적으로 형성해가며 평소에 해오던 부정적인 영향을 미쳐왔던 습관들을 줄여 가는데 집중해야 한다.

스티븐 기즈의 《습관의 재발견》에서는 습관을 변화시키기 위해서는 습관을 한심할 정도로 작게 만들라고 한다. 어떤 대상이 '한심할 정도로 작아' 보이면 뇌는 그것이 아무런 불편이나 해를 끼치지 못하는 것으로 판단한다고 언급하였다.

예 ❶ 하루에 팔굽혀펴기 한 번
예 ❷ 하루에 불필요한 물건을 하나씩 없애기
예 ❸ 하루에 글 2~3줄 쓰기

스티븐 기즈가 언급한 작은 습관은 실패할 여지가 없고 실패를 두려워하지 않으며 죄책감도 느끼지 않는다고 한다. 의지력이 바닥이 난다 한들 목표 자체가 너무 작아 어떤 식으로든 해낼 수가 있다는 것이다. 즉 작은 습관은 발전에 방해를 하지 않을 것이며 성공적인 습관 형성에 기여를 하게 될 것이다.

자신에게 필요한 작은 습관을 세우고 좋은 습관화를 내 안에 형성한 후에는 점진적으로 목표 기준을 보다 구체적으로 발전시킬 필요가 있다.

회사에서 평가자 교육을 받을 때 한 번쯤 들어봤을 만한 프레임을 좋은 습관을 만들어내기 위해 내 삶에 적용해보자. 많이들 알고 있는 목표달성기법인 SMART 기법을 활용해보자.

S 구체적인(Specific)

명확하고 구체적인 목표를 수립함으로써 긍정적 습관을 형성할 가능성을 키우는 것을 의미한다. 구체적인 목표는 명확하지 않은 목표를 실행하는 것보다 이룰 수 있는 가능성이 훨씬 크다는 것을 초등학생도 아는 사실이다. '나 살 뺄 거야!'라는 애매모호한 목표보다는 '나 한 달 안에 1kg을 빼고 싶어!'라는 구체적인 목표가 더 이루기 쉽지 않을까? 목표를 달성하기 위하여 정확히 무엇을 어디에서 달성하고 싶은지, 누구를 위한 목표인지, 목표를 이루기 위하여 필요한 시간과 조건 그리고 달성하고자 하는 목적에 대해서 구체적으로 제시해야 한다.

M 측정 가능한(Measurable)

목표를 세울 때는 측정 가능한 숫자로 구체적인 기준들을 정하고 객관적으로 측정해야 한다. 측정할 수 없다는 것은 그만큼 관리하기가 힘들기 때문이다. '운동을 많이 하자'보다는 '일주일에 3번 헬스장을 가보자'가 더 관리하기 쉽지 않을까? 목표는 숫자로 측정을 해야만 계획에 대비해서 결과를 파악할 수가 있으며 이루고자 하는 방향대로 잘 흘러가는지 판단할 수 있다. 측정이 가능한 목표를 이루기 위해서는 얼마나 많이 해야 할지, 그리고 목표를 이룬다는 것을 어떻게 확인할 수 있을지를 고려해야만 한다.

A 행동 지향적인(Action-Oriented)

해당 습관을 이루기 위하여 결과가 아닌 행동에 관한 목표를 정해야 하는 것을 의미한다. 바로 행동으로 옮길 수 있는 목표를 세워야 한다. '나는 살을 뺄 거야!'보다는 '나는 이번 주까지 1kg을 뺄 거야!'가 더욱 바람직한 목표인 것이다.

R 현실적인(Realistic)

'내가 감히 이룰 수 없는 목표를 세워 이루려고 하는 것은 아닐까?'와 같이 목표가 현실적인 목표인지 비현실적인 목표인지를 판단하는 것을 이야기

한다. 현실적인 목표 달성을 위해 자신의 수준을 정확히 파악하며 이보다 조금 더 나은 수준의 목표를 수립해야 한다. 허리디스크와 목디스크를 달고 사는 사람이 헬스장에 가서 데드리프트를 하루에 200개씩 한다면 이는 현실적인 경우일까? 자신의 몸 상태를 고려하지 않고 데드리프트를 하려는 것은 참으로 어리석은 짓이다. 차라리 헬스장에 가서 멀쩡한 무릎과 발목 관절로 허리에 부담이 적은 러닝머신 위를 30분 걷는 것이 더 현실적인 목표일 수가 있는 것이다. 이런 현실적인 목표를 달성해가며 스스로에게 작은 보상을 해주는 방식으로 현실적인 목표를 스스로에게 만들어주면 좀 더 목표에 가까이 다가갈 수 있을 것이다.

T 기한을 설정하는(Time-Bound)

목표를 이루기 위해 정확한 기한을 설정한다는 것은 중요하다. 막무가내로 '나는 10kg을 빼고야 말 거야'보다는 '1월 말까지 1kg를 빼고, 10월 말까지 매월 1kg를 빼서 10kg를 빼고야 만다'라고 기한을 설정해서 목표를 세우는 것이 보다 현명한 것이며, 이루기에 수월하다는 것이다. 데드라인이 없는 목표는 의미가 없으며 점점 목표가 뒤로 밀리게 된다. 그래서 목표 달성 기간을 확실히 설정하는 것이 목표를 이루기 위해 꼭 필요하다.

작은 습관을 목표로 SMART 기법을 적용하여 좋은 습관을 하나씩 만들어 나간다면 기적 같은 변화까지는 아니더라도 마음의 평정과 삶 속에서 피어난 하나의 희망을 가질 수 있지 않을까?

비록 익숙해지길 원하는 습관은 목표를 향해 최대한 빨리 많이 높이 움직이길 원하더라도 처음에는 조금씩 천천히 시작하며 거부감이 들지 않는 범위 내에서 차분히 하나씩 이루어 나가보자.

살천지, 확찐자, 작아격리
건강이 실력이다

팬데믹으로 인한 '집콕' 생활로 누군가는 '살천지(집에만 있어 살이 쪘다는 의미)'이자 '확찐자(집에만 있어 살이 확 찐 사람)'가 되었으며 또 다른 누군가는 옷이 '작아격리(코로나 19로 인하여 살이 쪄 옷이 맞지 않아 입지 못함)'가 되었다는 우스갯소리가 있다. 집에 있는 시간이 길어지다 보니 먹는 양은 일정한데 반하여 운동량이 줄다 보니 갑자기 살이 찌고 건강이 망가지는 사람들이 늘어난 것이다. 활동 영역이 줄어들며 우리의 건강은 점점 망가지고 있는 것이다.

건강에 적색 신호가 켜진다는 것은 자연스럽게 체력이 떨어지게 되며 개인적인 삶의 질과 업무에 필요한 집중력까지 떨어뜨린다. 직장인들은 회사에서 '건강'이 바로 성과다. 어느 회사는 수습 평가의 항목 중 '건강'이 평가의 메인 척도가 되기도 한다. 뒷심, 지구력과 같은 용어는 더는 스포츠 프로그램에만 나오는 용어가 아니다.

야구선수의 능력을 책정하는 기준으로는 방어율, 타율, 도루횟수 등이 있다. 그런데 이 기준들은 모두 체력이 수반되어야 나오는 것이다. 배트 스피드가 투수가 던지는 공의 속도를 따라가야 좋은 타율을 양산해 낼 수 있으며 달리는 속도가 빨라야 도루 성공률이 높아지며 성공하는 도루의 숫자도 많아진다.

회사에서도 마찬가지다. 내가 건강하지 않으면 조직의 분위기를 해칠 수 있다. 피로의 누적도가 쌓이면 표정으로 반드시 드러나게 된다. 주변의 동료, 부하 직원과 상사는 나의 눈치를 보게 되고, 조직의 분위기를 흐리게 될 것이다. 내가 건강해야만 내 업무의 성과 또한 높일 수 있다. 건강하지 못하면 업무에 대한 몰입도가 떨어지며 집중하지 못하고 처리한 업무에서는 실수와 구멍이 반복될 것이다. 결국 우리는 자신의 건강을 되돌아보며 회복하기 위해 많은 노력을 해야만 한다.

삶의 질과 업무의 질을 높이기 위하여 건강을 관리해야만 하며 더 나은 건강을 유지할 수 있는 방법들을 찾아야 한다.

첫째, 활동량을 키우는 것이다. 코로나라는 특수 환경 속에서 활동성이 부족해지면 부족한 활동량은 내 몸 안에 누적될 것이다. 결국 건강에 치명타로 돌아올 것이다. 외출이 어려워졌기에 소중한 사람들과 함께 할 시간도 줄어들었고 이웃과 함께 할 시간들도 줄어들다 보니 활동량이 감소할 수밖에 없다.

활동량을 늘리기 위해 집에서 홈트를 해보자. 유튜브에 검색만 해봐도 많은 콘텐츠들이 있다. 또 온라인으로 PT를 받을 수도 있다. 가벼운 트레킹도 좋은 방법이다. 트레킹의 주요 세대가 기존에 4~50대였다면 코로나 후에는 2~30대의 사람들도 산에서 자주 볼 수 있게 되었다. 야외에서 사람들과의 거리만 유지할 수 있다면 더 없이 좋은 방법이다.

홈트와 트레킹은 나의 활동량을 늘려줌으로써 내 건강을 지켜줄 수 있을 뿐만 아니라 타인으로부터 자기관리가 철저한 사람으로 보일 수 있도록 만들어 줄 것이다.

둘째, 먹는 것에도 신경을 써야 한다. 혹시 매끼 배가 고플 때마다 단순히 배를 채우기 위한 '끼니 때우기'가 아닌 내 몸의 건강을 위한 '식사'를 해야 한다.

재택근무로 집에만 있다 보니 끼니때마다 식사를 차려야 하는 번거로움과 귀차니즘 때문에 인스턴트식품을 먹거나 배달음식으로 때울 때가 많다. 이러한 끼니 때우기는 건강을 해치는 가장 직접적인 원인이다. 건강해지기 위해서 먹는 것에 신경을 써야 한다. 내 몸에 건강하고 좋은 음식을 제공하며 관리해야 한다.

셋째, 나의 의지가 부족하다면 스마트하게 앱의 도움을 받는 방법도 있다. 대표적으로 건강 케어 솔루션인 '눔Noom'이란 앱이 있다. 전문 코치가 맨투맨으로 붙어 매일 먹은 식단을 평가해주며 부족한 영양분은 빅데이터를 기반으로 안내해주며 나의 습관까지 교정시켜주는 프로그램이다.

처음 사용자가 어떤 니즈를 가지고 있는지를 측정하며 그에 맞는 방향을 지속적으로 안내해준다. 행동심리학 기반의 좋은 글들과 코치의 응원이 함께하며 사용자들이 의지가 나약해지지 않도록 도와준다. 이처럼 날씨, 시간, 장소에 구애받지 않는 비대면 모바일 건강관리 서비스를 통하여 나의 건강을 케어하는 방법도 있다.

언택트 시대 속에서 내 마음대로 할 수 있는 것이 많지가 않다. 그럼에도 불구하고 가능한 것을 고르라면 건강관리가 아닐까. 건강은 개인적 측면에서는 삶의 질을 증대시키고, 조직적 측면에서는 업무 생산성을 강화시키며 경쟁력을 갖출 수 있는 필수적인 요소이기에 더욱 중요하게 생각해야 한다.

새로운 환경에 적응하기 위해 많은 노력을 기울이고 있다.

이러한 환경일수록 개인적인 삶의 질과 커리어의 혁신을 위해

변화에 적응하며 나아갈 방향성을 정확히 짚어야 한다.

PART
03

지금 세대의
일의 의미

언택트 시대,
조직의 불안 요소

2020년 구인구직 플랫폼 '사람인'에서 직장인 1,106명을 대상으로 고용불안감에 대한 조사를 실시한 결과 42.9%가 현재 고용 상태에서 고용불안감을 느끼고 있다고 대답했다. 직장인 10명 중 4명이 '근무하면서 잘리지 않을까' 하는 불안감을 느낀다는 것이다. 작년에 비해 더 심해졌냐는 질문에 '그렇다'고 대답한 비율은 88%나 된다. 코로나19가 발생되기 전보다 더욱 심각하게 고용에 대한 불안감을 가지고 있다고 대답했다.

코로나19로 기업의 경영실적은 더욱 어렵다. 2020년 2분기 기업실적을 보면 3곳 가운데 2곳이 작년에 비해 실적이 나빠진 것으로 나타났다. 일부 기업은 코로나에도 불구하고 높은 영업실적을 보이기도 했지만, 이러한 기업 역시 향후 어떠한 형태로 환경이 변화할지 몰라 기업 스스로 긴축경영을 하고 있는 것이 현실이다. 이러한 환경의 변화와 기업의 변화로 당연히 조직 구성원은 흔들릴 수밖에 없다.

언택트 시대의 불안 요소는 시대는 급변하지만 우리 직장인의 모습은 변함이 없다는 데 있다. 해가 바뀌면 기업은 올 한 해 추진하고자 하는 전략방향을 크게 선포한다. 선포한 전략방향을 곳곳에 비치하고, 사내 인트라넷에 띄워 조직원들이 읽고, 활용해 주기를 바란다.

하지만 그러한 노력에도 불구하고 조직 구성원은 쉽게 변하지 않는 것이 현실이다. 그래서 기업은 극약처방으로 조직개편, 인사이동, 실적항목수정 등을 통해 움직이기를 독려한다. 그러나 아이러니하게도 그 내면의 본질은 변화하지 않는 것 같다.

'야, 뭐 재미있는 일 없냐?' 근무 중 잠시 휴식을 할 때 직장인들이 종종 하는 말이다. 왜 끊임없이 일을 하면서 또 다른 재미있는 일을 찾는 것일까? 과연 재미있는 일이란 있는 걸까? 재미있는 일을 찾고 헤매던 그 사람은 퇴사 후에 재미있는 일을 찾았을까?

SNS에서 비슷한 현실에 있는 사람은 어떻게 사는지 관찰하며 위로 받지만 비슷한 환경인데 전혀 다른 삶을 즐기고 있는 사람을 보고 있으면, 용기와 기회를 찾기보다는 다시 불안이라는 늪으로 빠진다.

코로나19로 갑자기 진화된 시대의 변화는 기업의 실적악화로 인한 고용불안과 함께 지금의 삶에서 좀 더 잘 살기 위한 불안감으로 끊임없이 흔들리고 있다. 먼저 퇴사한 선배들 역시 회사를 다니는 직장인이었을 때보다 두 배 가까운 에너지를 쏟아붓지만 상황이 여의치 않다. 또 시대의 변화를 빠르게 감지할 것 같은 젊은 직장인들 역시 회사생활에 갈등을 겪지만 코로나19로 인해 무작정 회사를 떠날 수 없는 시대다.

팬데믹 상황이 장기화되면서 계약연장은커녕 정규직 채용 공고도 눈 크게 뜨고 찾아봐야 할 실정이다. 아르바이트도 품귀현상이 나타나면서 서울시 아르바이트 채용 경쟁률이 40 : 1에 육박하는 역대 최대의 경쟁률을 보이기도 했다. 언택트가 사회적 거리만 멀게 한 것이 아니라 청년세대와 퇴직세대들의 미래까지 멀게 만들었다. 언택트 시대의 이러한 불안 요소는 앞으로도 지속될 것이다.

기업은 코로나가 장기화되면서 사람들과 콘택트Contact하지 않아도 쉽고, 빠르게 업무가 가능할 수 있다는 경험을 하였다. 상사 눈에 보이지 않아도 조직원들을 관리할 수 있는 업무 시스템에 적응이 되었고, 자리만 지켜도 되는 오프라인 회의에서 자신의 의견을 온라인 보드에 올려야 하는 화상 회의를 통해 훨씬 몰입도 있고 시간을 절약할 수 있는 회의를 할 수 있게 되었다. 재택근무가 오히려 조직원들이 하루 동안 무슨 일을 어떻게 하고 있었는지를 뚜렷이 파악할 수 있는 계기가 되었다.

사무실에서 일할 때는 솔직히 긴급을 요하는 업무가 발생되지 않으면 총 8시간 근무시간 중에 3시간 정도만 일한다고 봐야죠. 근무시작 시간이 9시부터라면 9시부터 업무를 시작하는 사람은 아마 몇 안 될 겁니다. 대부분 커피나 담배, 메이크업 수정 등의 이유로 자리를 비우거나, 아직 인터넷 서핑에서 빠져나오지 못하는 사람들도 많고요. 업무에 들어가기에는 예열시간이 필요하기 때문에 오전 업무를 본격적으로 시작하는 시간은 오전 10시나 10시 30분쯤 될 겁니다. 그러면 1시간 정도 뒤에 점심식사를 하고, 식사 후에 다시 집중할 수 있는 시간은 2시 정도부터 시작해 회의로 왔다 갔다, 잠시 나갔다 오는 외근 등으로 오후 업무집중 시간도 고작 2시간 정도밖에 안 될 가능성이 높습니다. 정시에 퇴근해야 하기 때문에 5시 30분부터 퇴근 준비를 하면 가끔은 오늘 하루 뭐했지? 라고 스스로 되묻는 경우도 많습니다.

— 어느 직장인의 쏠까말(솔직히 까놓고 말해요) ❶

갑자기 재택근무를 하라고 하니 처음에 설렜습니다. 마치 제가 프리랜서가 된 기분이었지요. 그런데 막상 재택근무를 하고 보니 차라리 기존처럼 회사에 나가 일하는 것이 훨씬 편하겠더라구요. 일단 정해진 시간마다 업무 보고를 하는 것이 압박입니다. 과거에는 일하고 있는 모습을 보여주는 것만이라도 상사가 업무 진척여부를 대략 가늠했던 거 같은데 이제는 명확히 보고를 해야 하는 상황이 불편한 것 중 하나입니다. 또한 내가 집에서 놀고 있지 않다는 것을 끊임없이 보여줘야 한다는 것도 신경 쓰이는 부분 중에 하나입니다. 솔직히 저도 동료에게 메신저로 문의했을 때 바로 대답을 하지 않으면 '뭐하고 있지?', '쉬고 있나?' 하는 생각이 들 때도 있거든요. 타부서와의 즉각적인 피드백을 받을 수 없는 것도 불편한 점 중에 하나예요. 바로 가서 서류를 보며 물어봐도 될 것을 온라인으로 해결해야 하니 비대면으로 어려운 점이 있습니다.

— 어느 직장인의 쏠까말(솔직히 까놓고 말해요) ❷

부서 안의 조직 구성원 중에 1.5 업무를 하는 사람과 0.7 업무를 하는 사람이 뚜렷이 구분된다. 보여주기 식의 업무가 아닌 실제 내가 한 일을 보고하고 공유하는 온라인 업무 환경으로 보다 명확한 성과를 알 수 있다.

예를 들어 과거 회의를 하기 위해서는 회의 참석자에게 회의 참석을 요청하고, 회의 자료를 메일로 공유한다. 회의실을 예약하고, 회의 자료를 프린트해서 자리에 올려놓으며, 음료수까지 준비하는 경우도 많았다. 그러다 보니 1시간 안에 마쳐야 하는 회의는 늦게 참석하는 사람들로 딜레이 되거나 빅마우스 한 명이 지배하는 회의로 장시간 동안 진행되는 경우가 다반사였다면, 이제는 온라인 회의로 임팩트 있게 진행되고 있다.

먼저 회의 자료는 온라인 회의 창에 올려놓고 미리 숙지하도록 하고 회의실 예약이나 음료수 준비는 하지 않아도 된다. 어렵게 입사한 회사에서 자료 복사, 음료 준비로 회의감을 느꼈을 신입사원에게 희소식이 아닐 수 없다. 대면이 아니다 보니 사담은 거의 없다. 그래서 거두절미하고 회의 주제만을 가지고 논의된다는 장점을 가지고 있다.

코로나가 장기화되면서 언택트 근무가 지속화되고 있다. 그래서 일하는 방식, 일의 성과가 가시적으로 드러나 조직원의 평가는 더욱 객관화될 것이다. 어려운 경제상황 속에서 필요한 인력만을 남기는 대대적인 인력감축이 늘어날 것이다. 그렇다면 직장인들의 불안함을 어떻게 해결하면 좋을까?

이러한 변화를 나에게 유리한 상황으로 전환해 생각해보자. 언택트 시대가 도래하면서 일하는 방식의 변화와 성장, 개인적 시간 보존 등이 과거 대면이었던 콘택트 시대보다 훨씬 유리할 수 있다.

예를 들어 재택근무, 비대면 회의 등으로 보고서의 양은 간소화되고 있다. 많은 양의 보고서는 설명과 설득이 필요하기 때문에 보고받는 사람이 굳이 대면하지 않아도 되는 데이터와 성과중심의 업무 보고가 늘고 있다. 짧은 문서로 핵심을 보고하는 것이 어쩌면 더 힘들 수 있지만 적응이 되면 일의 능률은 훨씬 높아질 것이다.

또한 일의 방식도 눈에 띄게 달라진다. 무슨 일이든 사람과 직접 만나 해결하는 것이 훨씬 쉽고 정확하지만, 그렇게 하지 못하는 시대는 다양한 아이디어와 시도, 도전을 하게 만든다. 하나의 사실을 다른 협력업체에게 어떻게 효과적으로 전달할지, 언택트로 보다 재미있게 학습의 효과를 높일 수 있을지, 하다못해 회식을 어떻게 하면 재미와 화합의 시간으로 이끌지 끊임없이 공부하고 고민한다. 이러한 역량은 설령 회사를 그만두더라도 다른 곳에서 충분히 활용할 수 있는 역량이니 안전한 직장에서 시도할 수 있는 좋은 기회이기도 하다.

그리고 52시간의 근무시간을 보장받으며 재택근무를 한다는 것이다. 이 의미는 개인시간을 충분히 활용할 수 있다는 것이다. 출퇴근 시간의 적어도 3시간은 보장받을 수 있으니 일 외에 취미생활, 휴식을 통해 재충전할 수 있는 시간을 확보할 수 있다는 것은 진정 바라던 직장인의 삶이지 않았던가?

사람은 적응의 동물이라 다양한 장점이 처음에는 신기하고 나름의 개인 목표도 세우지만 시간이 지나면 또다시 재미없고, 그저 그런 회사생활이라고 생각할 수 있다. 환경이 변화되었다면 변화된 환경 속에서 얻을 수 있는 것을 빠르게 찾고, 조직의 변화 속도를 읽어 대응해야 한다. 스스로가 성장할 수 있는 요소를 파악하는 것이다.

이제는 현실을 직시하지 않으면 생각하는 정년보다 훨씬 빨리 회사를 그만둘 수 있다. 노력하지 않으면 한심하게 생각했던 그 선배보다 훨씬 빨리 그 자리에서 밀려날 수 있다.

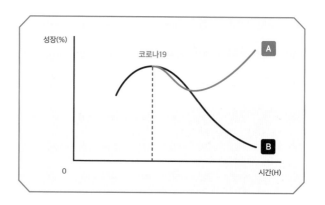

누구도 예상하지 못했던 코로나19로 많은 사람들이 두려움과 불안, 걱정으로 하루를 보내고 있지만, 변화를 이끄는 A와 같은 사람이 있다. 중요한 것은 코로나19 지점에서 A와 같은 곡선을 뽑아내지 않으면 급변하는 시대와 사회 속에 금방 쇠퇴한다는 것이다. 하지만 누구나 A와 같은 변화가 필요하다고 생각하지만 몸으로, 행동으로 옮기는 사람은 많지 않다.

그렇다면 나는 지금 어느 지점에 와 있는가? A처럼 잠시 주춤하지만 변화에 적응하고 새로운 성장을 준비하고 있는가? 아니면 여전히 새로운 곡선을 원하지만 생활에 큰 불편함이 없기에 머무르고 있는가?

언젠가 깨닫게 될 것이다. 코로나19로 변화된 조직 속에 적응하지 못하는 나를 발견할 것이다. 그렇다고 퇴사하게 되면 아무것도 할 줄 아는 것이 없는 사람이 되어, 이러지도 저러지도 못하는 지금보다 더 재미없는 생활을 하고 있는 자신을 말이다.

언택트 시대, 스스로 언택트 되지 않기 위해 무엇에 관심을 두고 무엇에 집중하면 좋을지 천천히 살펴보자.

일의 의미와
의미가 만드는 차이

왜 일을 하는가? 대부분의 답변은 '돈 벌려고'다. 돈이 있어야
하고 싶은 것, 먹고 싶은 것, 사고 싶은 것을 할 수 있으니 말이다.
그런데 만일 벼락 맞을 확률보다 낮다는 로또에 당첨이 되어 먹고
싶고, 사고 싶은 것을 모두 할 수 있는 경제력이 뒷받침된다면 과
연 일을 하지 않을 것인가?

아이러니하게도 대부분은 '그래도 뭐라도 하겠다'고 한다. 건
물주가 되어서 건물관리를 하더라도 일이 있어야 한다는 답변이

대부분이다.

대학생 대상으로 '일을 하지 않아도 모든 필요가 충족된다면 일을 할 것인가'의 물음에 대다수가 여전히 일을 하겠다고 답했다. 일이 주는 경제적인 보상 이외에 일을 통해 얻을 수 있는 사회적 인정, 자기 성장, 사회에 대한 기여 등을 그 이유로 꼽았다. 결국 일을 단순히 생계수단으로만 생각하지 않는다는 것이다.

청년세대만 그럴까. 한국보건사회연구원의 '신중년의 경제활동 실태와 향후과제' 보고서에 따르면 신중년 세대 89.3%가 건강이 허락하는 한 현재 하는 일을 계속하고 싶다고 밝혔다. 그 이유는 나와 가족 또는 사회를 위해 뭔가를 하고 있다는 생각, 누구에게 의존하지 않고 제 스스로 살아갈 수 있다는 자신감 때문이다.

> 육아의 이유로 10년 넘게 다닌 직장을 그만두고 전업주부로 살아온 선배가 어느 날 공인중개사 합격 소식을 전했다. 축하한다는 말과 함께 기분이 어떻냐고 묻는 나에게 "명함을 새로 만들어야지"라고 유쾌하게 말하곤 웃었다. 선배가 말한 '명함'이라는 표현은 이젠 의존하지 않고 자립된 하루를 살 수 있다는 뜻이었으리라 생각된다.

결국 일에 대한 욕구로 자기실현의 욕구가 가장 크다. 노후를 행복하게 생활하는 사람들을 보면 보수가 크든 작든 자신의 일이 있는 사람이다. 그 안에서 사람과의 관계를 맺고, 성과를 이루며 나름의 보람과 누군가를 위해 뭔가를 하고 있다는 자아실현을 현역 때처럼 느낄 때 행복을 느낀다고 한다. 그렇다면 우리는 언제 자아실현의 욕구를 충족할까? 그건 바로 일의 의미를 발견했을 때다.

그러나 매일 쏟아지는 업무와 마감이라는 압박으로 '왜 일을 하는가?'라고 묻기에는 먼 이상이라 느껴질지도 모르겠다. 그렇지만 이렇게 답도 없는 질문을 하루에 수십 번을 생각하고 되뇌지 않는가? 일요일 저녁부터 찾아오는 압박감 속에 '나는 왜 일을 하지?'라고 묻기도 하고, 월요일 아침 회사 정문을 들어서면서도 '이 일을 언제까지 해야 할까?'라고 생각하기도 한다.

일이 잘 풀리지 않을 때마다 찾아오는 자괴감 속에 '이 일은 나와 안 맞아'라며 저 깊숙한 곳으로 숨어버리고 싶을 때도 한두 번이 아닐 것이다. '왜 일을 하는가?'라고 묻기에는 현실이 너무 팍팍하게 돌아가지만 늘 끊임없이 고민하고, 친구들이나 동기들과 한자리에 모이면 항상 빠짐없이 나오는 화두이기도 하다.

여행을 정말 좋아하는 후배 B는 매년 가고 싶은 여행지를 정하고, 업무 스케줄에 맞춰 일정을 조정한 뒤 얼리티켓까지 아예 끊어 놓고 일년을 설레면서 산다. '놀려고 회사 다니나' 라는 꼰대 같은 생각도 스치지만 웬걸! 그 여행 계획으로 일의 몰입도가 상당하다. 여행 계획이 곧 다가오는데 업무가 많을 때는 야근을 마다하지 않고, 업무시간에 집중하는 모습은 매우 빠르고 정확하다. 또한 휴가 가서 회사전화를 받고 싶지 않아 일은 또 얼마나 정확한지 모른다. 더 훌륭한 것은 여행 가기 전이나 여행 다녀온 후에도 후배는 힐링 모드로 에너지가 넘쳐난다.

일 년 중에 나에게 주는 큰 선물인 여행에서 그 후배는 일의 의미를 찾는다. 그렇다면 후배는 일을 하는 이유가 '여행'이자 곧 '돈'이라고 생각할 수도 있다. 그렇지만 후배의 모습은 월급에 질질 끌려 다니며 마지못해 일한다기보다는, 일이 곧 힐링이라는 모습이 크게 와닿아 보였다.

일의 의미를 정의하기에 앞서 일이라는 어원을 살펴보자. 일이라는 어원은 히브리어로 일 'Avoda'라는 단어이며 이는 노예 'Eved'와 같은 어원을 가진다. 사람들은 대부분 노예와 같이 생계를 위해 일을 한다는 것이다. 이렇게 일이라는 어원처럼 과거에는 일을 부정적이거나 생계를 위한 어쩔 수 없는 것이라는 생각에서 출발했다.

그러나 지금의 현대인들은 경제적으로 전보다 풍요로워졌고, 심리적으로도 여유가 생겼다. 그러면서 지금 하는 일이 단지 돈을 벌기 위한 수단이기보다는 그 이상의 가치를 얻고자 끊임없이 방황하고 도전한다.

그렇다면 일의 의미는 무엇일까? 스테거Steger, 딕Dik, & 더피 Duffy(2012)는 '자신의 일이 의미 있다고 느끼고, 일을 통해 성장하면서 자신의 일이 타인 또는 사회에 긍정적으로 영향을 끼친다고 인식하는 것'이라고 정의했다.

여행을 좋아하는 후배는 일이 곧 여행경비라는 단순한 원리 속에 일의 의미가 명확하여 일을 더 잘 해내고자 하고, 더 성장하고픈 욕구가 커지면서 스스로가 일을 통해 성장하는 모습이었다.

스스로에게 자문해보자. 왜 일을 하는지, 먹고 살려고 일을 한다면 왜 먹고 살려고 하는지를, '왜'를 넣어 계속해서 물어보는 것이다.

회사를 다니는 이유 → 돈 벌려고 → 왜 돈을 벌어야 할까? → 가족을 부양해야 하니까, 대출금을 상환하기 위해, 사고 싶은 것을 사고, 먹고 싶은 것을 고민 없이 먹기 위해 등 → 왜 가족 부양 / 대출금 상환 / 사고 싶은 것, 먹고 싶은 것을 위해 일을 할까? → 가족이 하고 싶은 것을 할 때 행복하니까 / 좋은 집에서 편안하게 살기 위해 / 맛있는 식사를 할 때 기분이 좋으니까

결국 행복이다. 궁극적으로 일을 하는 이유는 행복이다. 돈을 버는 이유도 궁극적으로 행복해지기 위한 것임을 잊지 말자.

프로이드는 '사랑하고 일하고, 일하고 사랑하라. 그게 삶의 전부다'라고 말했다. 삶에서 사랑 못지않게 일이 중요하고 일과 사랑의 균형이 삶의 행복을 이루는 중요한 요소라는 것이다. 따라서 일을 통해 누릴 수 있는 행복이라 생각한다면 일을 좀 더 확장시켜 의미를 찾을 수 있을 것이다.

'나는 왜 일하는가?', '지금 하고 있는 일은 어떤 배움이 될까?' 대답하기 힘든 질문이지만 직업이 사라지고 의미도 사라지는 요즘 꼭 필요한 질문이다. 평생직장이라는 개념이 사라진 지금 이제는

일이 아닌 '나'를 중심으로 목표와 동기를 설정하고 성장이라는 키워드를 가지고 일을 생각해야 지금보다 행복하게 일을 할 수 있다.

일하기는 싫지만 그렇다고 퇴사하고 딱히 할 것이 없어 영혼 없이 회사를 다니는 사람을 일컬어 '신종퇴사자'라고 부른다. 그렇지만 그들만 탓할 것은 아니다. 그들도 열심히 하던 시기가 있었을 것이다. 하지만 그런 시기의 경험도 잠깐, 일의 의미를 찾지 못하면서 그들도 변하게 된 것이다. 누군가는 배움과 성장이라고 의미를 부여하지만 누군가는 누구에게만 좋은 일이라고 단순한 일로 치부해 버리는 의미의 차이에서 오는 것이다.

의미를 찾지 못하고 무료하고 재미만을 좇지 말고 새로운 무언가를 시도하며 자신의 삶에서 변화를 시도해보자.

■ 의미가 만드는 차이

아들러는 심리학 입문에서 우리는 항상 우리가 부여한 의미를 통해서 현실을 경험한다고 하였다. 일하는 사람이 스스로 부여한 의미를 통해서 일하는 방식과 의지, 행동을 스스로 결정할 수 있다는 이야기다.

기업의 컨설팅을 하다보면 직원들의 인터뷰를 하는 경우가 많다. 특히 BPBest Practice 사례를 얻기 위해 다양한 지표에 높은 성과를 보이는 직원과 인터뷰를 하다 보면 같은 상황이더라도 일반적인 직장인들과 사고가 다르다는 것을 알 수 있다.

한번은 보험회사의 설계사 중 블루리본(판매실적과 완전판매 등 모집질서 준수의식이 뛰어난 설계사를 인증하는 제도)을 수상한 설계사를 대상으로 고객관리의 노하우 사례를 수집하기 위해 인터뷰를 한 적이 있었다.

설계사 대부분은 시간과 비용을 들여 고객을 관리하고 있었는데, '이렇게 소소한 것까지 챙기다 보면 귀찮지 않나요? 신규고객을 개척하는 것도 시간이 없을 텐데요?'라는 물음에 대부분의 설계사는 그러한 일을 하는 것이 자신들의 일이라고 일축했다.

자신들이 하는 일로 고객들이 좋아진다면 당연히 해야 할 일이고, 그것이 일의 의미라고 이야기하였다. 스스로 부여한 의미를 통해 결국 내가 하는 고객관리의 방식과 영업 마인드가 결정된 사례라고 볼 수 있다.

영정 사진도 곱게 화장하고 찍을 정도로 외모를 가꾸는 할머니가 돌아가셨는데 따님이 '우리 엄마 얼굴이 상했다'며 많이 속상해하시더라고요. 한 평생 애쓰며 살아온 분들의 마지막을 아름답게 장식해드리는 삶을 살고 싶습니다. 그것이 곧 나의 일이겠지요.

― 20대 장례지도사

젊은 나이에 장례지도사라는 직업이 쉽지 않겠지만 본인의 일을 단순히 장례를 치르는 사람으로만 보지 않는다. 가장 숭고하면서 아름다운 일이라고 얘기한다.

스스로 생각한 일의 의미를 통해 일하는 방식과 결과가 달라질 수 있다. 직장에서 일하는 이유는 누군가에게 도움이 되는 일을 하고 있음을 뜻한다. '내가 지금 하고 있는 일이 누군가에게 어떠한 가치를 주고 있는가'라는 질문을 스스로 던져보자.

가끔 월급만큼만 일하겠다는 것은 주어진 월급 외에 그 이상으로 일할 마음이 없다는, 그 이상으로 일할 동기가 없다는 의미이기도 하다. 그 이상의 일할 동기는 돈으로 해결되는 것이 아니다. 월급 그 이상의 일할 동기를 마련하기 위해서는 의미와 보람, 성취감, 소속감이 필요하다.

일을 하다 보면 힘들고 짜증나는 일이 수도 없이 반복된다. 그런데 왜 내가 이 일을 해야 하는지 답이 나와야 견딜 수 있다. 회사를 있는 듯 없는 듯 출근했다 퇴근하며 자리만 보존하는 신종퇴사자보다 개인적인 목표를 위해서라도 자신의 일에 의미를 찾고 최선을 다하는 직원이 언택트 시대에 회사가 바라는 모습이다.

사람들은 전보다 풍요로워졌고 훨씬 유동적이고 빠르게 변화하면서 기업이 본질적으로 추구해야 하는 가치 중심의 형태로 변화하고 있다. 따라서 생계와 돈만을 위해 회사를 다니는 직장인보다 자신의 일에 스스로 가치를 부여하는 사람을 기업에서는 필요로 한다.

또한 새로운 것을 도전하고 시도하면서 창의력 있고 주도적으로 성장하고 노력하는 사람이야말로 이 시대가 원하는 인재상이기도 하다. 결과적으로 스스로 그렇게 변화해야만 일에 대한 행복을 높일 수 있는 것이다.

《다시, 장인이다》의 저자 연세대학교 장원섭 교수는 현대적 장인을 이렇게 이야기한다.

일에 대한 열정과 강한 사회적 욕구, 그 안에서 자기를 발견하는 현대적
의미의 장인은 행복하게 일하는 사람이다. 장인은 일 속에서 끊임없이 자
기를 발견하고, 행복한 삶을 누린다. 이 땅에서 일하는 모든 사람은 장인
이 될 수 있다. 일의 가치를 다시 찾고 생계유지를 넘어 존재의 의미를 찾
아야 한다.

행복하게 일할 것인가? 아니면 불행하게 노동할 것인가?

아무리 힘든 일이라도 자신이 찾은 의미를 가지고 일하면 내성
이 생기고 견뎌진다. 자신의 마음에 일에 대한 의미가 없으면 아무
리 불을 지피려 해도 이내 꺼지고 만다.

작은 불씨라도 조금씩 의미를 찾아보자. 여행이어도 좋고, 행복
이어도 좋고, 성장이어도 좋다. 그 작은 불씨가 있으면 조금만 부스
럭거려도 큰 불이 될 수 있다.

잡스러운 생각?
Job스러운 생각!

현재 하고 있는 일들을 쭉 나열해보자. 출근에서 퇴근할 때까지 소소한 일이라도 모두 생각해보자.

메일을 확인하고, 어제 들어온 주문이나 요청사항을 답변하고 오늘을 준비한다. 보고서를 작성하고, 보고와 수정이 이어진다. 타부서와 업무를 협조하고, 외부업체를 선별하거나 때에 따라 미팅을 한다. 갑자기 주어지는 데이터 산출이나 과거 업무이력을 다시 정리할 때도 있고, 소소한 회의실 예약, 탕비실 정리 등 다양한 일들이 있을 것이다.

목록을 작성하였다면 그 목록에 해당하는 일들이 생계를 위한 것인지, 성장을 위한 것인지를 구분해본다. 그러고 나서 나의 일들이 어느 쪽에 많이 치우쳐 있는지를 확인해보자.

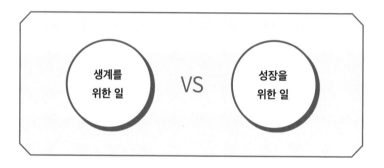

일을 생계와 성장으로 구분하는 기준은 개인의 가치에 따라 달라질 수 있다. 같은 업무라도 누구는 생계로, 누구는 성장을 위한 것이라고 볼 수 있다.

■ 성장에서 찾는 일의 의미

만일 작성한 일의 목록이 생계를 위한 일에 더 치우쳐 있다면 주어진 일을 최선을 다해 잘 해내고 있다고 본다. 하지만 그 일이 적성에 맞지 않거나 나의 성장보다는 소진으로만 이어지고 있다면 다시 점검해 볼 필요가 있다.

비록 생계를 위한 일이라도 일을 통해 얻을 것이 무엇인지를 끊임없이 찾는 것이다. 반복되는 업무와 많은 양의 업무로 스스로 의미를 찾기란 쉽지 않을 것이다. 그렇기 때문에 치열한 사고 전환이 필요하다. 현재 하는 일에서 얻을 수 있는 것이 무엇인지, 이 일을 하면서 얻을 수 있는 역량, 기술, 지식을 찾아가며 일하는 것이다.

경제학자 마이클 하우스먼Michael Housman은 고객 상담을 하는 직원들의 재직 기간이 차이나는 이유를 밝히기 위해 프로젝트를 수행했다. 총 3만여 명의 데이터를 확보한 하우스먼은 과거 직장경력을 데이터로 과거 이직이 잦았던 직원들이 더 빨리 그만둘 것이라고 예상했다.

그러나 이직 경험이 많다고 해서 그만두는 확률이 높지는 않았다. 그러다 구직활동 때 사용한 인터넷 브라우저의 사용 정보를 통해 놀라운 사실을 발견하게 된다.

웹브라우저로 크롬을 사용한 직원들이 인터넷 익스플로러를 사용한 사람들보다 재직 기간이 15%나 더 길었다. 이 조사가 우연이라고 생각한 하우스먼은 결근자료, 업무수행 평가자료를 분석하였다. 그런데 놀랍게도 크롬을 이용하는 직원들이 판매실적이 훨씬 좋았고, 평균 통화시간도 짧았으며, 고객 만족도도 높았다.

그렇다면 크롬을 이용하는 직원들이 모든 척도에서 훨씬 높은 점수를 받은 이유는 무엇일까? 그 직원들의 차별화 요인은 바로 브라우저를 획득한 방법이었다. 크롬은 익스플로러와 다르게 브라우저를 별도로 다운로드하고 설치해야 한다.

브라우저를 크롬으로 바꾼 직원들은 자신의 일을 달리 접근하는 특징을 보였는데, 고객에게 상품을 팔거나 고객의 불만을 해소할 때 일반 직원과 다르게 접근하여 해결하는 모습을 보였다. 또한 자신이 처한 상황을 주도적으로 개선하다 보니 이직할 이유가 낮아지면서 재직기간이 다른 사람보다 길었다.

결국 그러한 특징을 갖은 사람은 자신이 원하는 방식으로 일을 재창조하였다고 한다. 대부분의 사람들이 내장되어 있는 브라우저를 그대로 사용하듯 자신에게 주어진 삶이나 일을 바꿀 생각은

하지 않고 그대로 받아들인다. 《오리지널스》의 애덤 그랜트 교수는 이렇게 말한다.

> 기존의 사람들과 차별화되는 사람이 되기 위해서는 주도적으로 자신이 지닌 비전을 행동으로 옮겨야 한다.

주도적으로 일을 하기 위해서는 내가 하는 일의 의미를 재창조하여 일하는 방식과 사고를 좀 더 성장에 두고 일하는 것이다.

보고서를 쓰다 보면 한 장을 쓰기 위해 며칠을 보낼 수 있지만 향후 회사를 나와 제안서를 작성하거나, 사업계획서를 작성할 때 상당히 도움이 된다. 더구나 데이터 분석의 업무거나 영업실적을 매일 작성했던 사람이라면 향후 창업에 필요한 분석이나 투자자 유치 등에 많은 도움이 될 것이다.

고객의 업무를 처리하는 서비스직에 종사하는 직장인이라면 어떠한 일을 하더라도 비즈니스 마인드가 갖춰져 있기에 향후 재취업이나 이직·창업에도 큰 도움이 될 것이다. 매일 반복되는 고객업무, 컴플레인 응대가 나의 소중한 인생자산이 되는 것이다. 그

래서 창업 대표를 만나보면 전 직장에서 어떠한 일을 했는지 맥락
이 읽혀질 때가 있다.

- 지금 내가 하는 일이 장차 내가 하고 싶은 일을 할 때 어떤 배움이 될까?
- 내가 꿈꾸는 미래에, 내가 퇴사하여 창업을 할 때, 정년퇴직 후에 어떻게 도움이 될까?
- 나는 이 일을 통해 아주 작은 것이라도 성장한 요소는 무엇일까?
- 후배에게 나는 무엇을 챙기고 어떠한 역량을 높이라고 이야기할까?

일의 의미는 자신이 찾는 것이라고 했듯이 일에 대한 성장요소
도 자신이 찾는 것이다. 지치고 힘들 때 답이 없는 잡스러운 회사
에 대한 불평불만도 때론 필요하지만, 바꿀 수 없다면 현재 다니고
있는 회사를 잘 이용하여 성장하도록 하는 것이 어지럽고 불안한
시대에 작은 해답을 얻을 수 있다.

오늘 하루 자신의 미래를 준비하기 위해서 무엇을 배웠고 또
무엇을 할 수 있는지를 생각하며 보낸다면 어제보다 나은 나와 오
늘보다 나은 미래를 준비할 수 있다.

나이키의 경쟁자는 아직도 닌텐도일까? 온라인 게임은 여전히 승승장구하고, 닌텐도 역시 뉴트로 게임을 부활시켜 사람들이 다시 게임시장으로 모여들기 시작했다. 하지만 넷플릭스, 유튜브, 틱톡 등으로 게임에 소비할 고객의 시간 점유율을 생각처럼 확보하지 못하고 있다.

TV예능프로그램에 출연한 라디오 교통 리포터는 '나의 일에 대한 경쟁자는 내비게이션이다'라는 말을 했다. 자신이 '내비게이션과 다른 점은 무엇일까? 무엇으로 경쟁력을 확보해야 할까?'라는 고민을 한다고 한다. 그래서 내비게이션은 사실, 정보만을 전달한다면 본인은 감성적으로 이해시켜주는 일을 해야겠다고 생각하면서 사고가 나더라도 정보만 전달할 것이 아니라 차 안의 승객에 대한 안전을 이야기해주는 사람이 되어 내비게이션과의 차이를 전달한다고 했다.

자신이 하는 일이 단순 반복적인 일이기 때문에 성장이 힘들다고 생각할 수도 있다. 가령 문서 정리, 데이터 관리, 부서비용 처리 등은 누가 알아 줄 것도 아니고 이 일로 무엇을 얻어 갈 수 있을지도 모른다. 시스템이나 프로그램으로도 충분히 해결이 가능한 단순한 업무라고 판단되면 일의 미래가 걱정이 될 때도 있을 것이다.

그렇지만 일이 자동화 되더라도 기존에 일을 해온 노하우를 통해 그 프로그램의 원리를 알 수 있어 다른 사람보다 수월하게 업무를 할 수 있다. 또 그 원리를 가지고 다른 업무에 적용하거나 문제의식으로 해결책을 고민하고 의견을 개진할 수도 있을 것이다.

의미 없는 일은 없다. 다만 내 마음이 열려 있지 않으니 배울 것이 없고, 얻을 것이 없으니 일이 재미있을 리 없는 것이다.

언제나 '나'라는 사람을 가장 먼저 들여다봐야 한다. 내가 무엇을 좋아하고 무엇을 할 때 싫어하는지, 어떠한 가치를 두고 살아가고 있는지를 구체적으로 알고 있어야 구체적인 성장요소를 찾아 일할 수 있다. 회사에서 주어진 업무를 통해 성장할 수 있는 요소는 기술과 사회적 네트워크, 배움이다.

기술

기술은 말 그대로 회사에서 배울 수 있는 차별화된 기술이자 스킬Skill이다. 누구는 돈을 주고 배워야 하지만 직장인은 회사에서 돈을 벌며 배울 수 있는 아주 중요한 요소다. 만일 내가 기술직에 종사하고 있다면 향후 창업, 창직을 고민할 때 다른 사람들보다 빨리 자리를 잡을 수 있고 이직을 하더라도 더 유리한 조건일 수 있다. 그러니 노동이라 생각하기보다는 미래의 성장요소로 무엇을 더 배우고 경험해야 할 것인지 자주 고민하고 도전해보자.

사회적 네트워크

사회적 네트워크는 직장인이라면 누구에게나 주어지는 기회다. 이러한 네트워크가 때로는 지치기도 하고 힘들 때도 있지만 사실 도움을 받을 때도 많다. 오늘 부서에서 어떤 일이 있었고, 업무를 할 때 어떤 어려움이 있는지 누구보다 부서원들이 잘 알고 있고, 그것을 토닥여 주는 사람도 옆 동료다. 그러다 보니 동료 때문에 그만두기도 하지만 동료 때문에 버티며 회사를 다니는 사람도 많다.

하고 싶은 일을 시작할 때 용기와 실력도 필요하지만 그 일을 잘 해내고 있거나 경험해 본 선배들을 벤치마킹할 필요도 있다. 새로운 무언가를 시도할 때는 가장 손쉽게 위험을 줄이는 방법으로 비슷한 생각을 가지고 있는 사람을 찾아보고 도움이 될 만한 경험담을 들어보는 것이다.

그러한 사람을 찾아 볼 수 있는 터전이 바로 회사다. 일에 대해 함께 공유하고, 노하우를 전수해 줄 사람이 회사에 분명히 있을 것이다. 비단 사회적 관계로 힘들 때도 있지만 사회적 네트워크를 본인의 성장에 초점을 맞춰 생각을 전환한다면 현명한 선택이 될 것이다.

배움

직장에서는 소소한 일 조차도 배움의 연속이다. 흔히 남자들이 군대를 다녀온 사람과 그렇지 않은 사람의 조직력을 비교하는 것처럼, 사회에 나가 조직생활을 한 사람과 그렇지 않은 사람이 같이 일을 하다보면 확연한 차이를 보인다. 이메일을 쓰는 형태만 봐도 알 수 있다.

이메일을 쓰는 방법을 부서에서 별도로 알려주지 않지만 경험을 통해 배운다. 또 회의와 업체 미팅을 통해 비즈니스 대화법도 익히고 설득력도 키워진다. 후배에게 일을 가르쳐 주며 코칭 능력도 키우고, 선배에게 일을 배우며 배움의 자세도 익힌다.

기업에 따라 온라인 학습, 외부 대학에서 주최하는 학습과정 이수, 자격증 비용 지원 등 개인에게 주어지는 학습의 기회도 많아 잘 활용하면 정말 내 것으로 만들 수 있는 성장의 기회가 많다.

■ 조직(타인)의 영향에서 얻는 일의 의미

내가 하는 일이 성장을 돕는 일에 치우쳐 있다면 더할 나위 없이 기쁜 일이다. 내가 하는 일이 나를 성장시키는 일이라면, 그리고 그렇게 생각하고 있다는 것은 직장인으로 큰 동기부여다. 일에 대한 동기부여를 지속하기 위해서는 자신의 성장뿐만 아니라 조직, 또는 타인의 성장을 촉진한다고 생각하는데 있다. 조금 더 일의 영향력을 확장시켜 생각해보자.

일목요연한 보고서를 작성하는 역량은 나의 성장도 돕지만 작성한 보고서로 현장의 업무 프로세스가 바뀔 수 있다는 신념을 갖는 것이다. 어떠한 일이든 누군가에게 영향을 미치지 않는 일은 없다. 헤어숍의 헤어디자이너는 고객의 헤어를 디자인하여 아름다움과 자신감을 선사해 주고, 카페의 바리스타는 고객에게 맛있는 커피 한 잔의 여유를 가져다준다.

- 내가 하고 있는 일은 누구에게 어떤 의미를 주는가?
- 내가 하는 일은 사회에 어떤 변화를 가져다주는가?
- 내가 하고 있는 일은 회사에 어떤 의미를 주는가?
- 내가 하고 있는 일로 주변 사람들이 얻는 것은 무엇인가?

기업가인 의사보다는 환자의 안위를 돕는 의사를 만나고 싶다. 점수만 높이려는 교사보다는 학생의 성장을 돕는 교사를 원한다. 내가 하는 일을 생계와 개인적 성장으로만 정의할 것이 아니라 나, 타인, 조직에게 어떠한 영향을 미치고 있고 어떠한 가치를 줄 수 있는지 찾아야 한다. 그래야만 일에 대한 의미가 명확해지고 진정한 성장을 도울 수 있다.

○○씨는 사무실에 앉아 컴퓨터만 바라보며 일하기보다는 몸을 쓰며 일하고 싶었습니다. 또한 누구는 주식으로 얼마를 벌었다더라 부동산이 얼마나 올랐다는 이야기를 하며 시간을 보내는 직장인보다는 내가 일한 만큼 돈을 벌 수 있는 일을 하고 싶었습니다. 그래서 시작한 직업이 자전거를 고치는 공방 일이었습니다. 다양한 이유로 자전거를 수리하러 방문하는 손님에게 즐거운 취미생활을 계속할 수 있도록 돕고, 아름다운 곳을 여행할 수 있도록 돕는 일은 무엇보다 기쁜 일이었습니다. 더구나 손님이 직접 피드백을 주기 때문에 일에 대한 의미를 피부로 몸소 느낄 수 있어 더할 나위 없이 좋다고 합니다.

— 어느 창업가의 이야기

일에 대한 의미는 누가 찾아줄 수 없고, 회사가 정의해 주더라도 나에게 의미 부여가 되지 않는 경우가 대부분이다. 따라서 나 스스로 끊임없이 찾고 고민해야 한다.

성장을 하기 위해서는 학습이 필요하다. 새로운 것을 배우고 업무에 적용하고 그 경험을 토대로 개선방법을 찾아야 다시 성장할 수 있다. 조직에서의 학습은 교육으로 지식을 얻는 형태보다는 실제 근무 경험이나 선배들의 노하우 전수를 통해 얻는 것이 70%이다. 업무 노하우를 스스로 찾아야 하고, 스피드하고 스마트하게 일하는 방법을 끊임없이 연구하고 시도해야 한다.

팬데믹 이후의 회사는 비대면 업무로 회의시간은 짧아졌고, 보고문화도 간소해졌다. 회사에 나오지 않고 재택근무를 하는 직원은 업무보고를 훨씬 정교하게 해야 하고, 업무에 집중해야 한다. 그야말로 개인의 역량이 민낯처럼 보이는 요즘이다.

따라서 변화된 현실에 적응하고 성장하기 위해서는 끊임없이 학습하여야 하고, 회사에만 기대를 할 것이 아니라 다양한 시선으로 성장의 길을 찾는 것도 스마트하게 일하는 방식일 것이다.

직장인들은 하루에 10번 이상 퇴사를 꿈꾼다고 한다. 옆 동료가 어쩌면 지금 퇴사하고 싶다고 속으로 외치고 있을지 모르겠다. 이제는 이런 잡스러운 생각보다는 좀 더 현실적으로 Job스러운 고민을 해보는 것은 어떨까?

언택트로 찾아온
성장과 멈춤

○ **N잡러**

직업의 수 'N'에 직업이라는 단어 'Job', 사람을 뜻하는 '~er'이 붙여진 신조어로 두 개 이상의 직업을 가진 사람이라는 뜻

○ **사이드 허슬러**

사이드 허슬을 하는 사람 즉 회사 밖에서 개인의 성장을 도모하는 별도의 프로젝트를 진행하는 것

○ **부캐**

게임 용어로, 온라인 게임에서 본래 사용하던 계정이나 캐릭터 외에 새롭게 만든 부캐릭터의 줄임말

평생직장의 개념이 사라진 지 오래다. 한번 회사에 들어와 정년퇴직하던 모습은 사라졌다. 세대의 변화도 있지만 고용불안과 함께 점점 빨라지는 퇴직으로 남은 삶을 미리 준비하기 위한 N잡러가 늘어나고 있다.

2019년 투잡족은 10.2%로 2018년 8.1%보다 1.3배 늘어났고, 2020년 조사에 따르면 10명 중 3명에 달하는 30.3%가 두 개 이상의 직업을 가지고 있다고 답했다고 한다. 중요한 것은 직장인들의 N잡러가 돈벌이를 위한 생계수단(26.4%)뿐만 아니라 지금의 일 외에 즐기면서 할 수 있는 일, 자기만족을 위해서(23.8%)라는 이유가 그 다음으로 높다는 것을 눈여겨봐야 한다.

직장인의 연령별 퇴사 이유를 살펴보면 신입사원은 적성이 맞지 않아서, 5년차 이상 대리급은 더 나은 조건을 찾아서, 10년차 과장 이상이 되면 육아나 건강 등으로 퇴사를 결심하는 경우가 많다고 한다.

어렵게 들어간 회사에 적성을 맞추려 한다기보다는 자신이 좋아하는 적성을 찾아 떠나고, 연봉을 올리기보다는 처음 들어간 직장에서 자신의 역량을 키운 뒤 더 나은 조건의 직장으로 이동한다.

이렇게 직장인들이 더 나은 곳, 더 재미있는 곳, 더 성장할 수 있는 곳으로 눈을 돌리는 이유는 무엇일까?

매슬로우 욕구 5단계 이론

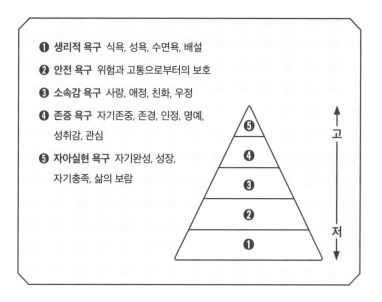

매슬로우의 욕구 5단계 이론 중에 가장 상위의 욕구는 자아실현의 욕구이다. 자아실현의 욕구는 인간이 가지는 최상의 욕구로 자기계발과 목표 성취를 위해 끊임없이 노력하는 자세다. N잡러들이 하루 8시간을 꼬박 회사에서 일하고 또 다른 직장으로 출근하는 이유는 결국 자신을 성장시키기 위한 욕구이기도 하다.

인간은 먹고 살기 위해 일하지만, 먹고 살기 위해 일하지 않더라도 자신의 내면에 자리한 자아실현의 욕구가 있기 때문일 수 있다.

이제 변화를 직시할 때다. 팬데믹으로 회사는 구조조정과 함께 앞으로 더 어려워질 것이고 큰 변화가 일어날 것이다. 그리고 조직원은 더 많은 역량이 요구될 것이다. 변화에 민첩하게 대응하는 애자일Agile 인력도 요구될 것이다.

상사 눈치를 보며 일하는 척만 하고 정년을 꿈꾸는 내 옆의 동료가 내가 원하는 미래의 모습이 아니라면 현실을 직시해야 한다. 나의 일에 대한 의미를 재정의하고 이 일로 어떻게 하면 성장할 수 있는지 그리고 어떤 변화가 필요한지를 생각해보자.

N잡러를 한다면 어떤 변화가 필요한지도 고민해보자. 소리 없는 전쟁터인 회사 밖에서 다른 직업을 찾는다면 어떤 것을 준비해야 하는지도 말이다.

취업사이트 '사람인'에서 직장인 1,295명을 대상으로 설문조사를 한 결과 직장인 10명 중 7명이 'N잡러 의향 있다'고 밝혔다. 그렇다면 어떻게 시도하면 좋을까?

먼저 자신이 지금 하고 있는 본업과 다른 직업들 사이에 상호 연관성이 있다면 롱런할 수 있고, 적어도 하나의 업이라도 성장할 수 있고, 실패하더라도 좋은 경험이 될 수 있다.

그렇기 때문에 지금 하고 있는 일에 대한 의미 찾기가 필요하다. 그리고 지금 업무가 나의 성장에 도움이 되도록 생각과 행동을 전환하고, 타인과 조직에 어떠한 영향을 미칠 수 있는지를 생각하다 보면 N잡러의 다양한 스쿱Scoop을 줄일 수 있다.

스스로를 잘 아는 것이 가장 중요하다. 좋아하고 잘하는 일, 일에 대한 취향, 좋아하지 않지만 잘하는 일, 미숙하거나 시간이 오래 걸리는 일 등을 정확하게 알고 있어야 자신에게 맞는 일의 의미와 성장의 방향을 정할 수 있다.

워크넷에서 12가지의 직업심리검사를 진행할 수 있다. 각 심리검사는 온라인 검사가 가능하여 결과를 즉시 확인할 수 있고 추천직업, 희망직업 등의 결과를 통해 전문가와 무료로 개별상담이 가능하다. 자신의 적성을 발견하기 위한 방법으로 참고하기에 좋다.

자신의 적성을 발견했다면 그 다음은 역량을 높이는 것에 치중해야 한다. 제대로 된 실력이 되어야만 다음으로 넘어갈 수 있다. 그러려면 많은 업무를 경험해 보아야 한다. 지금 주어진 업무가 익숙하다고 안주하기보다는 새로운 것을 배우고 적용하며 다른 업무를 도전해 보는 것, 그리고 새로운 업무가 주어질 때 짜증과 두려움보다는 성장의 기회로 생각을 전환하고 다양한 경험을 해보는 것이다.

조직은 깜냥(일을 해낼 만한 능력)이 되는 사람에게 일을 시키기 마련이다. 기본적인 업무도 최선을 다해 기초를 다져야 한다. 오프라인에서 일했던 방법을 온라인에도 적용해보고, 온라인으로 적용되는 업무도 능숙해져야 한다. 역량을 높일 수 있는 다양한 방법을 찾고 자신에게 적용해봐야 한다. 평소에 관심이 있던 배움을 시작해 보는 것도 좋다.

회사는 적성을 발견할 수 있는 좋은 텃밭이다. 직장뿐만 아니라 외부 교육으로 성장할 수 있는 툴이 다양해졌다.

아무것도 하지 않으면 아무 일도 일어나지 않는다. 누구나 새로운 것을 시도해야 한다고 머리로 생각한다. 여기서의 승자는 머리가 아닌 몸을 움직이는 사람이다. 지금 당장 무엇이든 시도해 보기를 추천한다.

> 미래에 뭐가 통할지, 뭐가 망할지는 나도 솔직히 잘 모른다. 대신 현재하는 일에서 조금이라도 새로운 것을 시도하고, 하기 싫은 것을 실행에 옮겨라.
>
> — 전 넷플릭스 CEO 마크 랜돌프

시도하고 시작하였다면 적응하고 발전해가야 한다. 몸과 마음이 편하거나 지속적으로 반복되는 일은 우리의 몸이 적응하기 쉽다. 그러나 불편하고 힘들거나 비정기적으로 진행된다면 적응보다는 포기, 핑계, 미룸이 더 쉽다.

서울대학교 심리학과 최인철 교수는 자신을 성공적으로 변화시키는 방법으로 결심만 하지 말고 환경을 바꾸는 것이라고 했다. 책을 읽고 싶으면 도서관에 가고, 다이어트를 결심했으면 헬스장에 가야 한다는 것이다.

방송인 안선영씨는 한 예능 프로그램에서 자기관리의 끝판왕

면모를 보여주며 매일 헬스장을 가게 만든 다이어트 비법을 소개했다. 매일 새벽 알람을 맞춰 놓았지만 운동을 하러 가는 것이 너무 힘들어 아예 안방 화장실에 운동복 레깅스를 걸어 놓았다고 한다.

새벽에 일어나면 제일 먼저 하는 일이 화장실 가는 건데 볼일을 보고 헬스장을 갈까? 말까? 하는 고민 없이 자연스럽게 운동복으로 갈아입도록 걸어 놓았다는 것이다. 그렇게 헬스장으로 이동하여 운동을 하게 되었다고 한다.

두 가지 이상의 일이나 직업은 자신이 가지고 있는 열정을 반으로 나누는 것이 아니라 두 배로 키우는 것일 수 있다. 이미 부캐로 일하고 있는 부캐인들 역시 부캐 덕분에 본캐가 더 큰 시너지를 발휘한다고 한다. 또한 부캐가 본캐의 소진을 채워질 수 있고, 본캐가 부캐의 소진을 채워줄 수 있어 시간과 성장, 금전적인 부분에서 서로 보완한다고 볼 수 있다.

이제는 열심히 보다는 잘, 성실하게 보다는 도전적이고 창의적인 인재를 원하는 시대다. 회사에 길들여진 '나'에서 내면에 숨겨진 자기성장의 욕구를 꺼내 일로서의 '나'를 다시금 발견하고, 그에 맞는 역량을 키워 변화된 세상에 맞서 보자. 무엇인가 도전하고 새로운 것을 배우기에 접근이 쉬워진 언택트 시대는 기회다.

언택트 시대
좋아하는 일 vs 하고 싶은 일

'무슨 일 하세요?'라고 물었을 때 '○○회사 다닙니다'라고 말
하는 사람들이 있다. '○○회사'는 나의 일이 아니라 내가 근무하
는 회사임에도 그것이 자신의 일이라고 소개한다.

해외여행 시 입국신고서를 작성할 때 직업Occupation 항목이 있
다. 과거에는 단순히 사무직officer, 회사원Bussiness man이라는 추상적
인 표현이 주를 이뤘다면, 지금부터라도 구체화된 단어로 업무를
표현해보자. 마케터, 변화디자이너, 크리에이터 등 다양한 표현으

로 자신의 업무를 정의해 보는 것도 좋다.

교양프로그램에서 방영한 'N잡시대, 부캐로 돈 버실래요?'에서 이미 N잡러가 대세임을 입증해 주었다. 방송 출연자는 모두 직장인이었고 부캐로 필라테스 강사, 프리다이빙 강사, 웹소설 작가, 캐릭터 디자이너 등 다양한 방면에서 활동을 하고 있었다.

가장 많이 하는 부업은 쉽게 접근할 수 있는 SNS 운영이다. 유튜브는 경쟁력이 없다고 이야기하지만, 너도나도 하기 때문에 반드시 해야 한다.

어느 날 유튜브 운영을 고민하는 나에게 이미 1년 전부터 유튜브를 운영하고 있는 선배가 되든 안 되든 다 해봐야 하는 시대라고 했다. 노력과 시간 투자가 필요하지만 시작하는 것이 중요하다는 것이다.

HR기업의 Y과장은 운동 마니아다. 마라톤, 수영, 등산, 자전거, 서핑 등 사계절을 모두 즐길 수 있는 운동을 한다. 그러다 보니 근력을 키우고 허리통증을 치료하기 위해 필라테스를 꾸준히 하던 중 재활, 인체학적으로 공부를 해보고 싶어 필라테스 전문자격을 취득하게 되었다. 지금은 퇴근 후 지인이 운영하는 센터에서 필라테스 지도를 돕고 있다. 필라테스 지도자는 나이가 들면 어려운 직종이라고 우려하지만 어떤 일이든 미래를 준비할 때 걸림돌이 아닌 것은 없다. 중요한 건 내가 좋아하는 일이거나 내가 잘하는 일이었을 때 시도해 보고 그 기쁨으로 현재의 일을 즐겁게 해낸다면 하루가 어제처럼 지루하진 않을 거 같다.

— 어느 직장인의 부캐 삶 ❶

시간도 부족하고 자본금이 부족한 직장인이 N잡러를 할 수 있는 방법은 취미활동이다. 내가 좋아하는 취미가 수입까지 생기니 더할 나위 없이 좋지만, 그 부캐를 수익성으로 따지면 좋아하는 일이 결국 스트레스로 오기 쉬우니 액수를 따지기보다는 취미생활을 하다 보니 부수입이 생긴다는 가벼운 마음으로 시작하는 것이 좋다.

한 기술회사에 근무하는 P부장은 정년까지 빨리 오기를 희망한다. 그간 준비한 것을 빨리 다른 세상에 나가 시도해 보고 자문해 주고 싶다고 한다. 회사에서 다양한 업무 경험을 통해 얻은 시스템 원리는 어찌 보면 암묵지와 같아서 매뉴얼화 하기 힘들다. 그러다 보니 고유의 노하우가 되었고 그것을 통해 외부 자문의뢰도 꽤 많아졌다. 퇴직 후 후배가 경영하는 회사에 들어가 기술을 확장시키고, 후배양성에 힘쓸 계획이다. 회사에 있을 때 내업무를 내 것으로 만드는 것이 투잡이든 퇴사든 창업이든 안정적이고 빠르게 갈 수 있는 길이다.

— 어느 직장인의 부캐 삶 ❷

기성세대는 신입사원 때부터 주어진 일, 시키는 일을 성실하게 해내고 야근, 주말출근, 새벽출근을 마다하지 않으며 회사에 최선을 다한 세대이다. 그래서 지금과 같은 N잡러, 부업, 부캐라는 말은 회사를 등지고 한 '딴 짓'이라고 생각하며 정작 퇴직 후에는 아무것도 할 수 있는 것이 없다.

기업들이 퇴직을 앞두고 있는 구성원들을 대상으로 교육을 실시하고 있으나 대부분 퇴직 2년을 앞두고 있는 직원들이라 퇴직 후의 삶이 상상대로 시작하는 경우는 드물다. ○○부장처럼 퇴사를 손꼽아 기다리는 직장인이 되기 위해서는 자신의 업에 대한 자신만의 노하우를 쌓아야 한다.

앞서 이야기했듯이 모든 시작은 기본이다. 결국 내 미래와 지금의 나를 성장시켜주는 것은 내가 지금 하고 있는 일을 잘 해내는 것이다.

전문 컨설팅회사에 근무하는 W연구원은 ○○핫도그를 개업했다. 오랫동안 컨설팅 업무를 하다 보니 아예 다른 일을 해보고 싶었는데 무작정 식당을 개업하기보다는 체인본사가 지원해주는 외식사업이 가장 안전하다고 판단했다. 주문은 키오스크로 하고, 제품을 받아 정해진 매뉴얼로 조리하면 된다고 생각했지만 마케팅, 재고관리, 인사관리 등 쉬운 건 하나도 없었다. 그래도 해보자는 생각에 손님을 맞이해보니 노트북과 씨름하던 나는 없고 현장에서 부딪히며 날 것을 배운다는 느낌이 오히려 좋다고 했다. 창업으로 새로운 도전과 열정 그리고 배움을 얻는 일이 되었다고 말한다.

— 어느 직장인의 부캐 삶 ❸

대부분 본캐가 안정적인 사회 구성원으로 살아가는 역할을 담당한다면 새로이 선택하는 부캐는 하고 싶었던 일에 대한 도전의 성격을 띠는 경우가 많다. 새로운 일에 도전하면 흥미와 함께 열정에 차오르기도 한다. 그러나 이렇게 자본금이 늘어가는 창업을 시작할 경우에는 주의할 점이 있다.

애덤 그랜트 교수는 직장을 계속 다닌 창업가들이 실패할 확률은 직장을 그만둔 창업가들이 실패할 확률보다 33%나 낮다고 했다. 안전한 직장을 유지하고 다른 곳에서 새로운 것을 시도해야 하는 이유는 위험을 분산하기 위함이다.

직장을 그만둔 창업가들은 성공해야 한다는 조바심과 안정적수익이 확보되지 않아 더욱 과감한 결정으로 실패를 맛보기도 하고 너무 많은 생각으로 일을 추진하지 못하는 경우가 발생할 수 있다. 한 분야가 안정적이라면 다른 한 분야에 더 많은 창의가 발현될 수 있다.

100만 이상의 구독자를 보유하고 있는 신사임당 채널의 주언규씨는 절대로 대책 없이 회사를 그만두면 안 된다고 말한다. 본인도 직장을 다닌 상태에서 시작한 사업이, 월급보다 수익이 많아진시점에서야 사표를 던졌다고 한다.

직장이라는 안정된 환경을 만들어 놓은 채 작은 테스트를 통해 내가 과연 이 일을 오래 지속적으로 할 수 있고 지금보다 많은 수익과 즐거움을 찾을 수 있을지 테스트를 해보라고 권한다.

이제는 과거처럼 반복되는 야근과 주말 출근은 사라질 것이며, 주 52시간의 노동시간으로 개인의 시간은 많아질 것이다. 그러면서 좀 더 재미있는 일을 통해 자기성장을 하는 직장인은 늘어날 것이다. 그렇지 못한 직장인은 지금보다 훨씬 이전에 퇴사를 종용 받을 수 있다.

N잡러의 이야기가 남의 이야기 같고 그래도 지금 직장에서 잘리지 않는다는 과거의 통념으로 산다면 과거보다 훨씬 재미없는 직장생활이 될 것이다. 정말로 퇴사 후에는 할 수 있는 것이 아무것도 없을 것이다.

일은 경제적인 것 외에 스스로에게 자신감을 가져다주는 중요한 역할이다. 그래서 일을 통해 어떠한 요소라도 성장할 수 있을 때 우리는 버틸 수 있다.

N잡러, 투잡, 부캐를 거창하게 생각하지 않아도 된다. 내가 올

해 시작할 수 있는 것을 정해 작은 것이라도 하나씩 시도해 보면, 성과로 보이거나 포기하는 것도 생기게 된다. 포기도 나의 미래와 성장에 중요한 경험이 될 수 있기에 괜찮다. 헛된 도전은 없다. 그러니 주저하지 말고 무엇이든 도전하길 바란다.

PART
04

지금 세대의
커리어 디자인

변화해야만 하는
이유

수명이 늘어나고 평생직장의 개념이 사라지면서 고용에 대한
불안만으로 이직을 생각하거나 앞으로의 경력 관리를 생각하는
것은 아닐 것이다. 사회적인 인식이나 기업 환경의 변화 등으로 경
력시장이 활발해지는 외부적인 분위기도 영향을 미친다.

하지만 개인적으로 지금 담당하고 있는 업무가 더 이상 의미
없다고 느낀다거나 직무가 자신과 맞지 않다고 판단되고 평가나
보상에 대한 실망 등 여러 가지 이유가 존재할 것이다. 어떤 이유

로든 자신의 커리어를 바꾸거나 개발해야겠다는 마음이 생겼다는 것이 커리어 개발에 있어 중요한 시작이다.

자신의 경력에 대한 동기를 점검하는 것은 매우 중요하다. 동기Motive는 무언가를 달성하기 위한 행동을 하게 만들고 나아갈 방향을 잡아주는 것은 물론, 목표달성을 위한 행동을 유지시킬 수 있는 힘이기 때문이다. 경력동기 또한 마찬가지다. 자신이 하고 있는 일이 무엇인지 정체성을 찾고, 어디로 가야 할지 방향을 찾는다.

또 현재 속해 있는 조직이 현실적인 이해를 바탕으로 미래에 쌓아 가고자 하는 커리어와 얼마나 관련이 있는지, 어떻게 연관시킬 것인가를 생각하게 한다. 만약 지금의 상황이 어렵고 희망이 없어 보일지라도 환경변화에 적응하고 대처하려는 노력까지 포함하여 경력을 만들고자 하는 의지가 얼마나 있는지 점검해보자. 경력에 대한 동기를 점검하는 순간 이미 출발점에 선 것이다.

■ 갭을 줄이는 것이 먼저다

이직을 고려할 때 가장 먼저 들었던 생각은 '시장에서 내가 가진 노동력의 가치가 얼마나 될까?'였다. 그리고 수많은 채용 공고에 표기되어 있는 직무기술서에 있는 일들을 잘할 수 있을까? 하는 걱정이 되었다. 운이 나빠서, 인맥이 없어서, 채용인원이 적어서 등 외부에서 원인을 찾기 전에 시장에서 원하고 필요로 하는 역량이 나에게 있는지를 살펴보고, 또 시장에서 판매할 수 있는 나만의 콘텐츠나 강점이 있는지를 먼저 점검해 볼 필요가 있다.

	내가 아는 것	내가 모르는 것	
	열린 창 Open area 남도 알고, 나도 알고	보이지 않는 창 Blind area 남은 알고, 나는 모르고	남이 아는 것
	숨겨진 창 Hidden area 남은 모르고, 나만 알고	미지의 창 Unknown area 남도 모르고, 나도 모르고	남이 모르는 것

조하리의 창(Johari's Window)

미국의 심리한자인 조셉 러프트JisephLuft & 해리 잉햄Harry Ingham 이 개발하고 그들의 이름을 딴 조하리의 창Johari's Window이라는 모델이 있다. 조하리의 창은 나에 대해서 자신과 타인이 얼마나 알고 있는지를 4개의 창으로 구성한 것이다. 나와 타인과의 관계에서 내가 어떤 상황인지 무엇을 개선하면 좋을지를 보여주는 것으로 기업에서 커뮤니케이션, 타인과의 관계 관리, 자기인식 교육을 할 때 종종 사용된다.

각 4개 영역의 의미는 열린 창은 남도 알고 나도 아는 공통된 영역이고, 보이지 않는 창은 남은 알지만 자신은 잘 모르는 영역이다. 숨겨진 창은 남은 모르지만 나만 알고 있는 영역이고, 미지의 창은 나도 남도 잘 모르는 영역을 의미하는 것이다. 그래서 보이지 않는 창과 숨겨진 창의 크기를 줄이고 열린 창을 키우는 노력을 하자는 것이다.

여기서의 핵심은 '갭GAP을 줄이는 것'이다.

자기 객관화가 되어 있지 않은 사람들은 이직을 하든, 사업을 하든 혹은 같은 조직에서 외적, 내적으로 인정을 받는 과정에서 오류를 범할 가능성이 높다. 이러한 오류는 기대에 못 미치는 성과, 소극적이거나 과한 업무 태도로 인해 놓치는 기회들, 협업에서의 문제발생과 같은 부정적인 결과로 이어질 가능성이 높기 때문이다.

더욱 어려워진 경제 속에서 비대면으로 확 바뀐 일터와 일상 속에서 '내가 생각하는 나의 역량에 대한 평가'와 '시장에서 요구되는 역량 수준'은 얼마나 차이가 나는지 최대한 객관화시키고 그 차이를 줄이는 것부터 시작해야 한다.

> 밖이 호락호락 한 줄 아십니까? 밖은 춥습니다. 방송으로 보이는 건 1%밖에 안 됩니다.

오래 전 예능 프로그램에서 프리랜서를 시작한 김성주 아나운서에게 강호동씨가 한 냉정한 조언으로 유명한 말이다. 당시에는 서운한 말로 들렸을지 모르지만 퇴사 이후에도 종종 만나 챙겨주며 건넨 마음을 담은 조언은 어느새 상대방을 위한 진득한 진심으로 깊게 각인되었을 것이다.

그때도 힘들고 어려웠지만 지금 세계 경제는 그때의 밖보다 훨씬 더 춥다. 밖의 온도를 확인하고 내가 가진 겉옷들이 무엇이 있는지 확인하자. 외출은 그 다음에 해도 된다.

■ 질문은 답을 만든다

자신을 잘 이해하기 위해 다음에 제시한 질문을 스스로에게 해 보자. 스스로를 인터뷰 하는 것이다.

> **Why** 나는 왜 이 일을 하는가?
>
> **What mean / Value** 이 일이 나에게 어떤 의미를 주는가?
>
> **What** 내가 일을 하며 배운 것은 무엇인가?
>
> **Skill** 내가 잘할 수 있는 것은 무엇인가?
>
> **Development** 이 일을 더 잘하기 위해 무엇을 보완하고 개선해야 하는가?
>
> **Hope** 앞으로도 계속 이 일을 하고 싶은가? 아니라면 무엇을 하고 싶은가?

자신에게 질문을 할 때 현재 결혼유무, 경제적 상황 등 기타 자신의 상황을 고려했을 때와 온전히 자신만을 기준으로 생각했을 때 둘 다 비교해 답을 해보자.

이렇게 구분해 두면 나중에 무언가를 선택해야 하는 상황에서 내가 원하는 것Want과 상황상 필요한 것Needs을 명확하게 구분할 수 있다. 그래서 상황에 몰려 필요가 원하는 것이 되거나 원하는 것이 필요가 되는 혼란을 덜 수 있다.

질문에 대한 답을 할 때는 글이든 그림이든 편한 방법으로 시각화하여 정리해 보기를 추천한다. 명확한 키워드나 깔끔한 한 줄로 정리하면 보다 명확한 정리가 될 수 있고, 그림으로 표현한다면 볼 때마다 마음이 뭉클해져 동기부여가 될 것이다.

생각만 하는 것과 생각을 밖으로 꺼내서 시각화하는 것은 매우 다르다. 시각화하여 남겨 두면 어느 순간 일상에 쫓겨 잊고 지냈던 초심을 찾고 다시 동기부여 하는데 도움이 되기 때문이다. 인터뷰하듯이 스스로에게 질문하고 정리된 답을 기록해 보자.

스스로에 대한 질문과 답을 정리했다면 두 번째는 나에게 했던 질문과 비슷한 질문을, 나와 함께 일을 했던 동료나 선후배, 나를 잘 아는 주변인들에게도 똑같이 물어보자.

다른 사람들이 생각하는 '나는 어떠한가?'에 대해 알아보는 것이다. 바로 '조하리의 창'에서 말한 '보이지 않는 영역'을 알기 위한 노력이다. 내가 몰랐던 나를 알게 됨으로써 나의 새로운 면모를 알게 되거나 부족한 점이나 자기 확신을 얻을 수도 있다.

다른 사람의 생각이나 의견을 물어볼 때는 친분도 없고 함께 일해본 경험이 없는 사람은 제외하고 가능한 3~5명에게 물어 보는 것을 추천한다.

질문을 할 때는 면담처럼 진지하게 만들어 말하는 사람이 대답하는데 부담스러워 하거나 가볍게 대답하지 않도록 분위기를 만드는 것이 중요하다. 평소 함께 일하면서 느꼈던 모습이나 생각을 부담 없이 자연스럽게 말할 수 있는 티타임 수준의 분위기 정도를 추천한다.

그리고 질문에 대한 답 중에서 여러 사람에게 공통적으로 나오거나 크게 공감되는 것 등 핵심적으로 나온 단어들을 따로 메모해두고 나의 답과 다른 사람들의 답을 비교해보자. 차이가 나는 답변에 대해서는 왜 차이가 나는지, 스스로에 대해 새롭게 알게 된 것이 있는지 생각해보는 것이다.

물론 다른 사람들에게 나에 대한 어떤 평을 묻는다는 것도 어렵지만, 반대로 다른 사람의 일에 대해 평을 한다는 것 또한 가까운 관계가 아닌 이상 어려운 일이다. 그래서 주변인에게 나에 대해 질문하고 답을 구하는 과정은 의외로 어렵고 불편한 일이다.

그러나 좁은 시야에서만 생각하기에 시장은 더욱 냉정해졌다. 어렵고 불편하지만 스스로를 보다 객관화하는 일은 중요하다. 다른 시야에서 내가 모르는 나의 모습을 알 수 있는 기회가 될 수 있다.

그러므로 가능하면 나와 함께 일을 해봤거나 성의 있는 답변을 줄 수 있는 주변인의 생각을 묻고 참고하는 일이야말로 '내가 생각하는 나'의 가치와 '시장에서 요구하는 가치' 사이의 갭을 줄이고, 나의 진짜 모습을 알 수 있는 의미 있는 일이 될 것이다.

혹시 앞에서 제시된 질문이 적합하지 않다는 생각이 들면 질문을 바꾸어도 좋다. 어떤 질문을 하는가도 중요하지만 그보다 더 중요한 것은 질문의 목적을 이루는 것이 더 중요하기 때문이다.

나를 바라보는 다양한 관점과 스스로에 대한 깊은 고민은 앞으로 만들어갈 나의 커리어를 더 단단하게 만든다. 나의 커리어에 대한 의사결정과 그것을 이루기 위해 어떤 행동을 할 것인지, 얼마만큼의 에너지를 쏟을 것인지, 어느 방향으로 나아갈 것인지, 특정 행동을 얼마나 유지시킬 것인지 등을 결정하고 고민하는 것이 동기를 가지는데 가장 중요한 출발점이고 첫 걸음이기 때문이다.

■ 경력 성공에 대한 기준

네이버 사전에서 커리어를 검색하면 '어떤 분야에서 겪어온 일이나 쌓아온 경험'이라고 설명하며 같은 의미로 '경력'이라고도 한다.

얼마 전 즐겨보던 예능 프로그램에서 '경력 끝판왕'으로 소개된 게스트의 인터뷰를 봤다. 그분은 정말 한 사람이 갖기도 힘든 경력, 게다가 많은 사람들이 선호하는 직업을 무려 네 가지나 경험해 본 아주 대단한 분이었다.

함께 일하던 동료나 지인이 좀 더 나은 조건으로 이직을 하거나 성공적으로 직업을 바꾸었다는 이야기를 들을 때면 그들이 그만큼의 결과를 가져올 수 있었던 '무언가'가 궁금해진다.

학술적으로 경력에 대한 성공 즉, 경력 성공은 두 가지로 나누어 이야기한다. 첫 번째는 자신의 경력에 대해 자신이 정한 목표의 달성여부, 스스로가 만족스럽게 생각하는 정도 등 지극히 주관적으로 평가하는 '주관적 경력 성공'이 있다. 두 번째는 연봉이나 승진, 사회적 지위 등 객관적으로 확인이 가능하고 다른 사람들의 평가에 관점을 둔 '객관적 경력 성공'이다.

성공의 평가 주체가 나에게 있는지, 외부에 있는지를 기준으로 보는 것이다. 간혹 이 두 가지를 분리해서 연봉이 높지 않지만 내가 하는 일이 즐겁고 보람되니까 열심히 한다거나, 힘들고 고되지만 승진의 기회를 얻고 많은 연봉을 받으니까, 사회적으로 지위가 높아지니까 열심히 한다는 어느 한쪽으로 치우친 기준을 갖고 있는 경우도 많다.

그러나 어느 한쪽으로만 치우친 성공은 오래 갈 수 없다. 일에 대한 보람, 성취감 등 스스로의 만족도가 높은 것도 좋지만, 경제적으로 사회적으로 현실과 부딪치고 그러한 시선들은 나를 불편하고 조급하게 만들기도 한다.

결국 인생 전반에 걸쳐 생각했을 때 '나의 커리어가 성공적이다' 라고 말할 수 있다는 것은, 자신의 업무에 대해 다양하고 깊이 있는 경험의 결과로 쌓인 자신감이나 보람, 성취감 등 긍정적인 마음상태와 함께 객관적으로 따라오는 결과물이 있는가를 의미한다. 즉 주관적 경력 성공과 객관적 경력 성공이 균형을 이루고 있는가를 판단하는 것이다.

앞서 이야기한 경력 끝판왕으로 초대된 분도 은행원, 승무원, 변호사, 경찰에 이르는 다양한 직업을 거치고, 현재는 처음에 목표했던 미술 관련 직업이 아니지만 인터뷰 내내 지금의 자리에서 하는 일들을 이야기할 때 즐겁고 보람을 느끼는 것처럼 보였다. 물론 주관적으로도 성공했는가 하는 것은 본인만 아는 것이겠지만 말이다.

자신의 인생 전반에 걸쳐 오랜 시간 나의 커리어를 잘 만들어가는데 내가 하고 싶은 것, 이루고 싶은 것이 무엇인지 나의 커리어에서 성공은 무엇을 정의하는지 분명히 해 둘 필요가 있다.

■ 커리어 성공의 정석은 없다

세상이 어떻게 변할지 미래에는 어떤 일이 생길지 예측하기 더욱 어려워졌다. 더 이상 '나 때는 말이야~'가 통하지 않는 시대이고 그러한 경험담을 조언이라고 생각하지 않는 시대이니 말이다. 게다가 예상하지 못한 팬데믹은 예측을 더욱 어렵게 만들었다.

공간空間에 대한 생각이 바뀌었고 일에서 요구되는 역량도 달라졌다. '하늘을 나는 것 = 비행기 조종사'였던 일상적이고 당연한 시대는 사라졌고, 하늘을 나는 것은 상상하지 못한 또 다른 무언가가 될 수 있는 세상으로 변하였다.

이러한 선입견이나 고정관념은 커리어를 설계할 때도 곧잘 나타난다. 회사에서 성공하고 싶다면 반드시 리더 코스를 밟아야만 한다고 생각한다든지, 어느 특정 부서를 거쳐야 한다든지 말이다. 또 사람을 가르치는 일을 하려면 어느 교육대를 졸업하거나 사람의 병을 고치고 싶다면 반드시 의대를 선택해야 했다.

그러나 지금의 시대에는 의사가 아니라도 넓어진 사람의 병(마음, 생각, 행동, 관계 등)을 고칠 수 있다. 회사에서 성공하는 것이 임원이나 CEO가 아니다. 또 1인 인터넷 방송에서 얼마든지 배우고 학습할 수 있다.

분명한 것은 나의 성공적인 커리어에 대한 그림이 명확한가, 그것을 향해 가는 과정에서 어떤 경험들을 만들어 갈 것인가? 하는 것이다. 그러므로 수학의 정석처럼 세상에서 말하는 정석적인 코스가 아닌 내가 원하는 성공적인 커리어가 어떤 것인지 스스로 고민하고 명확하게 구체화하는 것은 중요하다. 결국 최종 평가는 자기 자신이다. 고개를 들고 멀리 보자. 인생은 아직 반도 지나지 않았다.

■ 학습민첩성이 중요한 시대

커리어는 일과 밀접하게 관련된 모든 경험으로 정의할 수 있다. 그러나 지금은 한 조직에서 정년까지 근무하는 것을 당연시 하던 예전과 다르다. 미래는 불확실하고 기술의 발전으로 이전에 없던 것들은 계속 생겨나고 있으며 또한 갑자기 없어지는 것들도 많아졌다. 게다가 인간의 수명이 늘었고 살기 위해 일을 해야 하는 기간도 늘었다.

결국 현재의 커리어는 한 조직이 아닌 자신의 인생 전반에 걸친 커리어를 생각해봐야 한다. 앞으로 나의 커리어를 계획하고 관리해나가는 데 있어, 가장 중요한 나와 나를 둘러싼 환경에 대해 잘 아는 것이다.

나의 성격은 어떤 특징을 가지고 있으며 이전에 해봤던 일들은 무엇이었고, 현재 하고 있는 일, 앞으로 하고자 하는 일은 무엇인지 자신의 인생 전체를 고민하고 알아야 인생 전반에 걸친 커리어 개발 전략을 계획할 수 있다.

국내 통신사에 마케터로 근무하는 A는 대리점의 매출향상 교육 프로그램에 협업하는 참여자로 참여하게 되었다. 이유는 담당하는 대리점이 교육 대상 지점이었기 때문에 교육 담당자와 함께 마케터로 참여하게 된 것이다. 프로그램을 진행하면서 A는 통신사 대리점의 세무/회계 관리가 매우 복잡하고 통신 유통업에 대한 특성을 이해가 없다면 업무가 어려운 것을 알게되었다. 교육 프로그램에 참여한 것을 경험으로 교육이 끝난 뒤에도 일하면서 세무사 시험을 틈틈이 준비하여 세무사 자격을 취득해 회사를 퇴사하고 세무사로서 새로운 출발을 했다. 그리고 지금은 여러 대리점을 고객으로 세무 업무를 하며 종종 근무하던 회사에서 세무사로서 강의를 하고 있다. 당시 대리점 매출향상 교육 프로그램에는 A만 참여한 것은 아니었다. 여러 마케터가 자신이 담당하는 대리점과 함께 참여했으나 그 틈새시장을 보고 제 2의 커리어를 만든 것은 A뿐이다.

인생 전반에 걸쳐 커리어를 만들어간다는 것은 성장하고 성숙한다는 것이다. 동시에 '지속적인 문제 해결의 과정이자 의사결정 과정'이라고 할 수 있다. 무엇을 하고 싶은지, 이 순간 어떤 결정을 내리고 현재의 문제를 인식하고 어떻게 해결해야 할 것인가 등 커리어 개발에 관심을 갖고 현재 하고 있는 일에서 얻어야 할 것, 버려야 할 것 그리고 더 채워야 할 것을 만들어 가는 과정에서 만나는 크고 작은 문제들의 해결을 위한 고민과 선택의 연속이다.

그래서 학습민첩성Learning Agility이 필요하다. 학습민첩성이란 새롭고 힘든 상황에서 이전의 경험을 바탕으로 새로운 역량을 학습하고 이를 빠르고 유연하게 적용하여 성과를 내고자 하는 의지와 능력이다.

사회와 경제가 불확실하고 기술의 발달로 많은 것들이 급격하게 바뀌고 있다. 처음 경험하는 문제들이 많아지면서 오랜 경험을 가진 선배의 노하우나 문제 해결 방법을 그대로 똑같이 적용할 수도 없다. 이전의 경험들을 유연하게 새로운 상황에 연결하여 활용하고, 새로운 상황에서 필요한 지식과 스킬의 학습과 적용을 통해 어떻게 성과를 낼 것인지의 고민과 노력이 필요하다.

지속적인 커리어를 만들어 나가기 위해 나를 둘러싼 환경에 대한 민감도를 높이고 필요한 역량을 채우며, 향후 어떤 역량이 더 요구될 것인지 고민하고 실행하는 것은 매우 중요하다.

존버하라
그리고 도전하라

3~40대 직장인들 사이에서 흔히 거론되는 말 중에 '존버'라는 말이 있다. 서로 푸념하며 또는 체념하며 그래도 이 어려운 시기를 잘 지나가보자는 의미로 종종 사용되기도 하고, '존버~' 하며 서로의 격려를 담은 인사말로 건네기도 한다.

존버는 원래 가상화폐에 대한 은어로 가상화폐 가격이 내려가도 다시 오를 때까지 팔지 않겠다는 의미로 가상화폐 투자자들 사이에서 사용되었던 것이 최근 직장인들 사이에 흔히 사용되고 있다.

P는 20대 초반의 어린 나이에 취업난 하나 겪어보지 않고 취업에 성공했다. 두 번째 직장 또한 크게 맘고생 하지 않고 현재까지 총 15년 정도를 근무하고 있다. 운이 좋다고 생각될 만한 상황은 분명하다. 흔히 남들 다 한다는 취업난으로 마음고생 한번 한 적이 없고, 대기업이라는 울타리 속에서 치열했지만 나름 만족스러웠기 때문이다. 그러나 오랫동안 비슷한 일상이 반복되며 성장은 멈췄고, 일상의 편안함에 젖어 들다 보니 어느새 30대 후반이 되어가고 있었다. 잘 쌓이고 있다고 생각한 커리어를 다시 돌아보니 부족한 것 투성이에 뒤늦게 눈을 돌려본 노동시장은 만만치가 않았다.

P는 눈앞의 일만 했지 정작 자신에 대한 성찰과 미래에 대한 준비가 부족했고, 회사를 떠나자니 불안하고 남아 있자니 '존버'해야 하는 자존감 떨어지는 불편한 상황을 겪어야만 했을 것이다. 결국 삶의 관점에서 커리어를 만들지 못해 생기는 문제는 코로나처럼 급격한 외부 환경에 변화가 있을 때 만날 수도 있고, 어떤 이유로 지금의 직장을 떠나고 싶어졌을 때 만나기도 한다.

자신이 나아갈 방향에 맞춰 주도적으로 커리어를 쌓아가는 모습을 보이는 사람들이 있다. 이러한 사람을 프로티언 경력 태도 Protean Carrer를 가진 사람이라고 한다. 프로티언 경력은 스스로 자신의 모습을 바꿀 수 있는 바다의 신인 프로테우스Proteus라는 이름에서 유래하였다. 개인의 경력을 개발하는데 있어 회사나 조직이 중심이 되는 것이 아니라 개인이 자신의 경력에 책임을 갖고 자기주도적으로 경력을 만들며 자신의 가치를 지향하는 태도를 의미한다.

프로티언 경력 태도를 가진 사람들은 조직보다는 자신의 성장이나 일과 관련한 전문 영역에 집중하기를 원하고, 경력을 개발하는 과정 자체를 자신의 정체성 변화와 경력을 개발하는 과정이자 학습으로 인식한다.

그래서 프로티언 경력 태도를 가진 사람들은 승진, 연봉 등 외적인 것보다 내적인 만족도를 더 중요한 성공의 기준으로 여긴다. 그러다 보니 프로티언 경력 태도를 가진 사람들은 급변하는 노동 시장에서 '유연하게 잘 적응하는 개인'을 의미하기도 한다.

프로티언 경력 태도는 두 가지 특징을 가지고 있다. 첫 번째는 가치지향이고, 두 번째는 자기주도적인 경력 관리이다. 가치지향은 개인의 내면적인 가치가 자신의 경력과 경력을 바라보는 방식을 결정하는 것으로, 회사가 원하는 방향보다 자신의 가치를 더 우선순위에 두거나 회사에서 자신의 신념이나 가치가 다를 경우 개인의 양심에 따르는 것을 더욱 중요하게 생각하는 것이다.

자기주도적 경력 관리는 개인이 주체가 되어 자신의 경력을 선택하고 책임을 지고, 회사에서 경력 개발의 기회를 주지 않아도 스스로 기회를 찾거나 경력을 개발하는데 있다. 스스로가 주인이라고 생각하고 성공과 실패에 대한 책임 또한 자기 자신이라고 생각하는 것이다.

프로티언 경력과 유사한 경력 개발 이론 중 무경계 경력Boundaryless career이라는 것이 있다. 예를 들어 한 사람이 국내 자동차 판매 매장에서 판매사로 근무했다가 미국계 음료 회사에 근무하고 이후 해외 MBA를 졸업한 후 유럽계 섬유회사에 상품 기획자로 일을 했다면 이는 무경계 경력이라고 할 수 있다.

무경계 경력은 어떤 회사나 조직중심의 경력에 제한되지 않고 개인이 스스로 자신의 경력을 주도하여 회사는 물론, 직무나 직업, 국가의 경계를 넘어 이동할 수 있다는 것이 특징이다. 공간의 제약 없이 경력의 범위를 넘나들며 경력을 쌓아가는 경력 태도로 이동성이 바탕이 된다.

무경계 경력 태도는 경력의 범위 없이 개인의 이동성을 바탕으로 하므로 자신의 경력에 유연성을 높이기 위한 역량과 스킬을 중요시하게 여긴다. 그러므로 회사 내·외부에서 직무와 경력에 대한 기회를 탐색하거나 그러한 기회를 얻고자 하는 태도적 사고방식을 가지며 다른 조직으로 이동하고자 하는 모습으로 나타나기도 한다.

프로티언 경력 태도와 무경계 경력 태도는 비슷하지만 무엇을 중시하는가에 따라 달라진다. 프로티언 경력 태도는 자신의 책임하에 커리어를 설계하고 지속적 학습과 내부 심리적 성공을 중요시하는 반면, 무경계 경력 태도는 이동을 위한 유연성에 중점을 두고 유연성을 높이기 위한 기술과 역량을 중요시한다는 차이점이 있다.

코로나 19 이후 급변하는 사회와 경제 상황에서 직장에서의 고용에 대한 안정감은 사라지고, 불안감은 높아만 가고 있다. 이때 나의 커리어에 대한 태도가 여전히 조직중심에 의존한 것이라면, 오늘을 버티는 것밖에 되지 않을 것이다.

스스로의 커리어에 대한 목적지를 결정하고 방향을 설정하였는지, 자신의 커리어를 책임지기 위해 스스로 학습하고 역량을 쌓기 위해 노력하는지를 점검하자. 또한 이동의 제한을 두지는 않았는지, 조직에서 버티는 것이 목적이 아닌 과정인지도 판단하자.

만약 목적지에 도달하기 위한 과정으로서 이유 있는 '존버'라면 더 이상 버티는 것이 괴롭고 무력한 시간이 아니다. 인내와 성장의 과정이고 훈련의 시간인 것이다. 자신의 커리어 목적지를 가기 위한 과정으로써 의미 있는 존버가 되기를 바란다.

아직은 더
배울 것이 있다

■ 정확한 정보는 확률을 높인다

후배인 S의 스마트폰에는 수시로 채용과 관련된 PUSH 알람이 뜬다. 각종 앱과 사이트, 카페 등에서 하루에도 몇 번씩 메시지가 온다. 우연히 메시지를 보게 되어 이직하냐고 묻는 말에 당장은 아니라고 했다. 희망하는 시기도 대략 있지만 이력서나 경력기술서 한 장 제대로 써두지 못한 상태였다. 비교적 일찍 입사해서 빠른 승진으로 꽤 오랜 기간 안정적으로 생활하다 보니 이직의 마음은 있지만 실행에 옮기기 쉽지 않은 현실에 주저주저하고 있는 것이었다. 매달 나가는 대출금 등의 고정 지출과 현실적인 계산들이 들어가다 보니 용기가 나지 않는다는 것이다.

이직 또는 창업 등 새로운 출발에 대한 마음은 있지만 시작도 하지 못하는 친구나 후배들이 많다. 나이는 자꾸 먹고 경제는 어려워지고 경력직 시장 또한 당장 성과를 낼 수 있는 역량을 검증하고 채용하는 추세다.

　나이를 먹고 직급이 높아질수록 선택할 수 있는 자리는 좁아지고 새로운 곳에서 잘 적응할 수 있을지, 성과를 낼 수 있을지 고민하게 된다. 감당해야 하는 현실에 용기와 자신감이 사라진다.

　제대로 시작하지 못하는 이유는 노동시장에서 나의 노동의 가치를 정확히 모르기 때문이다. 과연 직무를 바꾸면 잘할 수 있을까? 현재 내가 가진 경험과 능력을 다른 회사에서 얼마나 잘 활용할 수 있을까? 이동하고자 하는 회사에서 내가 가진 역량으로 업무를 수행하는데 부족하지 않을까? 내가 제일 잘하는 것이 그 회사에서는 얼마나 많은 비중을 차지할까? 등 이직하고자 하는 회사, 새로 도전하는 직무, 산업 등에 대한 정보가 많이 없다 보니 나의 가치를 제대로 평가하고 시도해 볼 용기가 부족한 것이다.

　바꾸고 싶은 커리어가 있다면, 그 일을 하고 있는 사람 또는 그 회사에 다니고 있는 사람들과 자주 만나 이야기를 듣고 배우자. 주변의 사회적 네크워크를 이용해서 만나도 좋고, 플랫폼을 이용해도 좋다. 중요한 것은 바꾸길 원한다면, 시작하고 싶은데 용기가 안 난다면 정보부터 쌓아보자.

■ 회사는 무형식 학습을 위한 최적의 장소

> 입사 3년차 D는 팀에서 막내다. 한참이나 나이 많은 선배들과 같은 팀이지만 담당제로 일하는 회사 특성상 맡고 있는 일만 잘해도 되지만, 담당이 애매한 일을 종종 떠맡게 되면서 일에 시간과 에너지를 많이 써야 할 경우가 생긴다. 특히 행사를 기획하고 사회나 진행까지 해야 하는 경우가 생겨 초반에 많은 어려움을 겪었다. 주변에 자문을 구하고 친분이 있는 강사들에게 도움을 받고, 팀장님과 행사 참여자들의 피드백, 연습과 실전 경험이 쌓이면서 이제는 발표면 발표, 사회면 사회 등 어디 내놓아도 전문 진행자다운 모습으로 매끄럽게 진행을 보게 되었다.

전통적으로 무언가를 배운다고 하면 체계적인 커리큘럼을 갖고 교실 또는 강의실에서 준비된 교육을 통해 학습하는 것을 말한다. 교수자가 미리 준비한 내용을 배우기 때문에 학습에 대한 통제도 잘 되어 있다.

그러나 실제 일터에서는 다양한 상황과 생각하지 못한 여러 문제들과 의사결정을 해야 하는 등의 통제되지 못한 많은 것들이 난무하고 있다. 이러한 상황에서 업무를 수행하고 성과를 내기 위한 노력 역시 학습이 된다. 회사 다니는 동안 한번쯤 '학교 다닐 때 내가 이렇게 공부했으면 서울대 갔겠다'라며 농담 반 진담 반 이야기가 나올 만큼 일터에서 직무를 수행하는데 있어 알아야 할 것이 많다는 것이다.

흔히 회사에서 '학습한다' 또는 '교육받는다'고 하면 온라인이나 강의장, 연구원 등 지정된 장소에서 잘 계획된 커리큘럼과 훌륭한 강사, 교수진이 강의하는 것을 생각한다. 또한 회사의 방향에 맞춰 목적을 갖고 회사에서 직원들이 역량을 향상시키기거나 직무를 수행하는데 필요한 교육으로 직원들을 학습시켰다.

그러나 성인은 강의장이나 연수원 등 '교실'에서의 학습보다 '일터 현장'에서 사람들과 소통하고 참여나 문제를 해결하기 위한 피드백을 받으면서 눈에 보이지 않은 무형식 학습Informal Learning이 빈번히 이루어지고 있다.

무형식 학습은 일하는 상황, 거래처나 동료와의 대화나 만남,

어떤 문제 상황 등 업무 중에 생기는 경험이나 참여를 통해 계획되지 않은 상황에서의 학습을 말한다. 특히 '702010모델'은 일터에서 발생하는 학습 중 70%는 일을 하면서 일어나고, 20%는 다른 사람들과 협업하는 과정에서 일어난다. 그리고 10%는 사내 교육 과정이나 워크숍, 온라인 학습이나 세미나 참석 등을 통해 일어난다고 한다.

물론 702010모델이 절대적인 진리는 아니지만 일을 하며 실전에서 얻은 경험이나 교훈이 더 오래 기억되고 지속될수록 몸에 배게 되고 능숙해지는 것을 당연하게 여긴다.

회사에서 경험하는 일들을 '배움'으로 볼 것인지 아닌지도 중요하다. 다른 회사를 벤치마킹하기 위해 안면도 없는 타사 담당자를 찾아 전화로 상황을 설명하고 인터뷰를 요청하는 것, 매뉴얼에 없는 고객의 문제를 해결하기 위해 노력하는 것은 그나마 업무와 관련이 있어 보이는 것들이다.

그러나 회사 생활을 하며 나의 직무와 관련 없는 연말 사내 행사에서 사회를 보는 것, 엔지니어에게 성과와 관련 없는 사내 전문가로서의 활동들, 온라인 회의를 위한 플랫폼을 알아보고 테스트해보라는 지시, 컴퓨터가 이상하니 봐 달라는 옆자리 동료들의 개인적인 부탁, 나의 업무와 관련이 없거나 적은 일 등, 이러한 경험들이 배움이 되어 도움이 될지는 또 다른 문제다.

언택트가 일상화되면서 새로운 교육이나 경험이 많아지면서 일터 현장에서 비공식적, 무계획적이며 우연히 일어나는 무형식 학습은, 문제를 해결하거나 성과를 내기 위한 자발적이고 능동적인 학습 의지와 태도가 성과에 영향을 주고 있다.

최근 경력 시장은 누구나 알만한 대기업 어디에서 근무했고 직급은 뭐고 자격증은 어떤 것을 보유하고 있는지 등 화려한 스펙보다, 우리 회사에 입사했을 때 바로 성과를 낼 수 있는 실질적인 경험이나 역량을 갖추고 있는지를 평가하는데 중점을 두고 있다. 그러므로 이직이든 사업이든 내가 하고자 하는 일에서 준비가 덜 되어 있다면 그 준비를 위해 현재의 일을 확장해 가는 것도 좋은 방법이다.

물론 업무에 직원이 개인적인 목적을 가지고 접근한다고 한들 회사가 손해 볼 것은 없다. 오히려 직원의 자발적 동기부여와 노력을 통해 좋은 성과를 기대할 수 있기 때문이다.

개인은 성공적인 일 경험을 통해 업무역량 향상과 성과는 물론, 자신감과 성공 경험을 얻을 수 있다. 결국 회사는 성과를 내서 좋고 개인은 필요한 역량과 경험을 쌓아서 좋다.

일을 통한 학습이 더욱 잘 일어나기 위해서 관련 내용에 대한 이론학습, 직접 경험 외에도 앞서 이야기한 무형식 학습을 적극 활용해보자. 동료 간 피드백이나 조언, 아이디어 나눔, 잘하는 다른 직원을 관찰하는 등 타인과의 상호작용과 수시로 업무와 자신에 대한 성찰을 통해 학습효과를 높일 수 있다.

커리어에 대한 목표는 있지만 당장 떠날 준비가 되지 않았다면 조급해하지 말자. 당장의 서두름보다 더 중요한 것은 떠난 후 조직에서 잘 정착하여 실력 발휘를 하는 것이다. 결국 구성원의 자발적 노력으로 성과를 내어 회사도 좋고, 필요한 것을 경험하고 채워나갈 수 있는 구성원에게도 좋다면 안 할 이유가 없다.

성장,
지금이 기회다

■ 자기계발, 온택트Ontact 전성시대

일상이 바쁜 직장인들이지만 꾸준히 자기계발을 하는 샐러던트Saladent들이 있다. 샐러던트는 샐러리맨Salaryman과 학생Student이 합쳐진 신조어지만 이제는 전혀 새롭거나 낯선 단어가 아니다. 경영 환경이 어려워지고 팬데믹으로 인한 재택근무, 비대면 활동이 늘어난 지금, 많은 것이 우울하지만 자기계발을 위한 노력을 하는데 있어서는 오히려 더 좋은 환경일 수 있다.

근무시간이 비교적 긴 편인 W는 퇴근하고 나면 대부분 8시가 넘어간다. 무언가 배우고 싶어도 퇴근하고 나면 갈만한 곳이 없어 온라인 강좌들을 찾아보지만 여의치가 않았다. 특히 영상 편집이나 데이터 분석, 요리 등 스킬과 실습 위주의 무언가를 배우고자 하면 더욱 찾기 어려워진다. 그래서 온라인으로 배울 수 있는 콘텐츠나 유튜브에 오른 다른 사람들의 영상을 출퇴근 시간 동안 참고하는 수준이었다. 그러나 최근 코로나가 장기화되면서 많은 콘텐츠들이 온라인으로 제작되어 그동안 배우고 싶었던 동영상 편집을 퇴근 후 배울 수 있게 되었다.

— 직장인 ❶

직장인 H는 일과 연관된 특수 대학원에 진학했다. 대학원 진학에 대한 만족도는 높았지만 회사 일도 하면서 거리도 먼 학교까지 모두 소화하려고 하니 체력적으로나 정신적인 피로도는 높았다. 그러나 코로나 이후 학교 수업이 실시간 온라인 수업으로 바뀌면서 학교를 왕복하는 시간이 줄었고 수업시간에 늦을까 노심초사하던 스트레스도 덜게 되었다.

— 직장인 ❷

실제로 온라인 교육 전문 사이트인 '휴넷(www.hunet.co.kr)'은 코로나 전보다 코로나 이후 온라인 학습량이나 학습자 수가 증가했다고 한다. 특히 포토샵이나 인포그래픽, 기획 · 보고서 작성법 등 실무에 바로 활용 가능한 교육들이 인기를 끌었다고 발표했다. 코로나로 인한 재택근무와 언택트 기간에 많은 직장인들이 자기계발을 위해 온라인 교육을 찾기 때문으로 보고 있다.

급작스러운 언택트로 다들 정신이 없는 사이 교육 분야에서 호평을 받은 곳이 있다. 바로 사이버대학들이다. 전반적인 산업이 비대면으로 바뀌면서 이전부터 온라인 강의를 통해 오랜 기간 축적된 온라인 강의 시스템과 경험으로 만족도가 높아졌던 것이다.

또 외국어 공부 앱으로 유명한 '야나두'에서 새롭게 선보인 '유

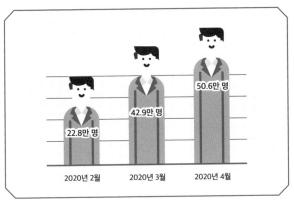

코로나 전후 휴넷 학습자 수 (출처, 매일경제 20.05.11)

캔두'라는 앱이 새롭게 떠오르고 있다. 유캔두 앱은 외국어뿐만 아니라 취미나 건강, 다이어트, 자기계발 등 다양한 분야에서 목표를 달성할 수 있도록 돕는 동기부여 플랫폼이다.

'두잇Do it'이라는 메뉴에 다양한 미션이나 목표, 도전을 만들거나 참여하고 인증하면 성공지원금을 리워드로 받을 수 있다. 차곡차곡 쌓은 성공지원금으로 커피쿠폰이나 상품권 등 현금화할 수 있고 두잇 참여자를 모집하여 공통의 두잇을 서로 실행했는지 인증하며 서로의 목표를 달성할 수 있도록 돕기도 한다.

사회적으로 거리두기를 시행하면서 혼자 하게 되는 일상이나 크고 작은 개인의 목표들을 공유하고 달성해 가는 과정에서 혼자지만 함께한다는 색다른 경험을 하게 만드는 플랫폼이기도 한 것이다.

코로나로 인해 많은 것들이 바뀌면서 많은 것이 불편하고 어렵다. 부정적인 영향이 크다. 그러나 그러한 환경에 적응해가면서 긍정적인 방향으로 바뀌는 것도 사실이다. W나 H처럼 성장하기 위해 자기계발에 노력하고자 한다면 오프라인 콘텐츠들이 온라인화 되고, 두잇처럼 새로운 환경에 맞춰 새로운 플랫폼들이 생겨나는 지금이 오히려 성장을 위한 학습에는 더 좋은 기회일 것이다.

■ 리스킬링과 업스킬링이 필요하다

2020년 세계경제포럼WEF에서 4차 산업혁명으로 인한 일자리 변화로 2022년까지 현재 활용되고 있는 핵심 업무 기술 중 42% 이상이 새로운 기술로 대체되고 2030년까지 세계 3분의 1 정도의 직무가 변화되는 것으로 예측했다.

이제는 지금까지 했던 일을 더 잘하거나 새로운 일을 해야 하는 상황을 만났을 때를 대비하기 위해 기업에서는 리스킬링Reskilling 과 업스킬링Upskilling의 중요성이 커지고 있다. 리스킬링은 다른 업무를 수행할 수 있도록 새로운 기술을 배우는 것을 말하고, 업스킬링은 현재 하고 있는 일을 더 잘하거나 더 어려운 일도 할 수 있도록 기술을 향상시키는 것이다.

IBM의 경우 MYCAMy career advisor라는 것을 통해 직원의 현재 역량과 업무 경력을 기반으로 이동 가능한 커리어 옵션을 추천하고 필요한 기술을 코칭 하는 맞춤형 경력 코칭 서비스를 제공한다.

또한 세계 최대 유통 업체인 월마트는 고객응대 VR 교육을 통해 직원들을 업스킬링하여 고객응대에 좀 더 준비되어 있다는 긍정적 피드백을 받았다. 온라인 주문 상품의 매장 픽업 서비스를 확대하며 퍼스널 쇼퍼라는 직무를 신설하여 직원을 선발하고 리스킬링을 통해 직무 전환을 하였다.

많은 기업들이 새로운 역량을 갖추거나 현재의 역량을 향상시키기 위한 노력들을 하고 있다. 그리고 그러한 노력의 방법으로 온라인 교육을 확대하고 있다. 이를 통해 변화하는 경영 환경에서도 구성원들이 학습을 통해 자신들의 역량을 향상시킬 수 있도록 돕고 있다.

지금 하고 있는 직무를 더욱 잘하고, 새로운 직무를 맡았을 때 소화할 수 있도록 준비하는 것은 직원 개인만의 노력이 필요한 것은 아니다. 지속 성장을 위해 회사 차원에서도 인재확보를 위해 다양한 교육 프로그램을 실행하고 있거나 준비하고 있는 곳들이 있다. 혹시 지금 근무하고 있는 회사에 이러한 프로그램이 있다면 나중으로 미루지 말고 좀 더 적극적으로 활용해보자.

언택트 시대의
커리어를 시작하다

언택트가 일상화되면서 성장을 위해 적용하는 인터벤션은 같아도, 실행하는 구체적인 방법이 달라지고 회사 내부가 아닌 외부로 확장할 수 있다. 재택근무와 비대면이 일상화되면서 일하는 방식도 모임의 방식도 달라지면서 물리적인 거리와 시간의 제약이 없어지고 심리적 부담도 줄어들었다.

이전에는 선배의 조언을 구하고자 시간약속을 잡고 직접 얼굴 보고 만났다면, 비대면이 일상화되면서 만남의 거리와 시간의 부담이 줄었고 이런 사회적 분위기 속에 온라인의 만남 요청이 오히려 서로의 건강을 위한 배려가 되었다.

물론 직접 만나서 관계를 더욱 돈독히 할 수 있는 감정교류나 정서적 유대감 등 상호작용이 줄었다는 아쉬움은 있다. 그래서 다수와 동시에 만나는 모임보다 1:1이나 3명 이하의 소수인원으로 온라인과 오프라인 만남을 섞어 각각의 장점은 모으고 단점은 보완하려는 노력이 필요하다.

■ 조직 경계가 없는 학습

지금까지 조직에서 하는 학습은 일을 더 잘하고 성과를 내기 위해 조직이 중심이 되어 조직 내에서 이루어지는 일이 대부분이었다. 조직 내에서 하는 학습은 조직의 문제를 중심으로 구성원들이 함께 모여 문제를 논의하고 학습하며 지식을 새롭게 만들고 이를 활용하여 성과를 내는데 기여하는 것이었다.

그러나 지난 1~2년 동안 스마트 오피스, 유연 근무제, 재택근무, 주 52시간 근무, 비대면 미팅과 교육, 업무 담당제, 프로젝트 그룹 등 급격하고 다양한 변화는 직무중심과 결과중심, 성과중심,

개인화를 더욱 가속화 시켰다. 이러한 상황에서 개인은 자신의 직무를 잘 수행하고 성과를 내기 위해 겪게 되는 문제나 어려움, 역량 향상에 대해 개인 스스로의 책임과 관리가 더욱 커지게 되었다.

그러다 보니 같은 회사가 아니어도 필요에 의해 나와 같은 직무를 하는 사람들이 모여 공감대를 형성하고 경험을 나누며 학습하는 모임의 중요성이 더 커지게 되었다. 같은 관심사나 직무를 하는 사람들과 온·오프라인으로 만나 서로의 정보와 경험을 주고받으며 학습을 하고 이를 업무에 적용해 문제를 해결하여 성과를 내고자 하는 것이다.

자신의 분야에서 역량을 넓히고 성과를 내기 위해 조직 밖에서 다른 사람의 경험과 다른 회사의 제도나 시스템을 벤치마킹하며 자신의 일에 적용해보는 것이다. 문제가 생겼을 경우 그때그때 빠르고 다양한 답을 구할 수 있는 것도 장점이다.

이제는 학습이 조직에서 이루어졌던 시절과 다르다. 학습 조직의 범위를 물리적 경계가 아닌 직무 중심, 프로젝트 중심의 조직으로 확장하여 같은 직무나 관심사를 가진 사람들과 다양한 경험을 나누고 넓게 학습하는 것이 중요한 시대가 되었다.

■ 멘토링과 리버스 멘토링

멘토링Mentoring은 경험과 지식이 많은 연장자가 멘토가 되어 경험과 지식이 부족한 사람, 멘티에게 스승의 역할을 하며 지도와 조언을 통해 멘티의 실력과 잠재력을 높이는 활동을 의미한다. 회사에서도 선배가 후배에게, 리더가 팀원에게 지도와 조언을 통해 성과를 이끌어내는 방법으로 활용되었다.

특히 멘토링은 멘티의 경력을 개발하고 멘티가 심리적, 사회적으로 안정감과 명확한 자아 형성에 도움을 주며 역할 모델로 멘티가 일을 수행할 때 해야 할 적절한 행동과 태도 등을 어떻게 해야 하는지 기준이 될 수 있게 하였다.

경력 개발을 위해 능력을 개발시켜주는 구체적인 역할로는 멘티가 조직에서 올바른 역할을 수행하고 승진할 수 있는 기회를 제공하는 후원자가 되고, 조직 내에서 멘티가 일을 잘 수행할 수 있도록 필요한 사람들과 직접 만날 수 있는 기회를 제공하기도 한다.

또한 멘토는 멘티가 부여 받은 업무를 잘 수행하여 다른 이들로부터 인정받으며 목표로 하는 경력을 만들 수 있도록 필요한 지식과 기술을 가르치고 피드백을 제공하며 목표 달성을 위한 여러 전략을 제안하기도 한다.

멘토의 또 다른 역할은 멘티가 다른 리더나 선배들과 마찰이 발생하거나 부정적 평판을 받는 일이 생길 경우 보호해 주거나 성장할 수 있도록 도전적인 업무를 주고 필요한 기술을 전수하는 것이다. 물론 성과에 대한 지속적인 피드백을 통해 멘티의 역량을 향상키며 성취감을 느낄 수 있도록 돕기도 한다.

심리적, 사회적으로는 멘토와 멘티 간 상호 신뢰와 친분을 바탕으로 자아의식을 높일 수 있다. 그리고 일을 하는 과정에서 생기는 멘티의 개인적인 고민이나 걱정 등을 멘토에게 상의하고 멘토는 자신의 경험을 바탕으로 문제를 해결할 수 있는 방법이나 조언을 제시하여 멘티가 심리적으로 안정감을 가질 수 있도록 도와준다.

이러한 멘토링 과정을 통해 업무적인 관계를 넘어 개인적인 취미 생활을 공유하는 등 우정 관계가 만들어지기도 한다. 롤모델이 되는 멘토는 멘티에게 업무를 수행하는데 있어 기준이 되고 닮아가며, 멘티가 역할을 수행하는데 있어 효율성을 높여주기도 한다. 이러한 장점들을 바탕으로 지금까지 회사에서는 신입사원이 들어오거나 업무가 미숙한 주니어 직원들을 대상으로 멘토링 제도를 공식적 또는 비공식적으로 시행하거나 독려하였다.

그러나 4차 산업혁명으로 인한 경영환경의 급격한 변화와 변화를 더욱 가속화하는데 크게 영향을 미친 팬데믹으로 멘토링의 방법도 변화되고 있다. 전통적인 멘토링과 반대로 리더나 선배가 멘티가 되고 신입사원이나 주니어 직원이 멘토가 되는 리버스 멘토링Reverse Mentoring이 그것이다. 많은 기업들이 리버스 멘토링을 시작했고 성과를 내기도 했다.

명품 브랜드 구찌GUCCI는 30세 이하의 젊은 직원들로만 구성된 '그림자 위원회'를 통해 임원들의 경영회의가 끝난 후 CEO와 함께 경영회의의 주요 안건을 다시 토론하고 CEO는 다른 관점의 새로운 사업 아이디어를 얻었다고 한다.

CGV는 젊은 사원들이 각자 자신 있는 분야를 정하고 임직원은 본인이 경험하고 싶은 분야를 이야기하여 조를 구성한 뒤에 4개월 동안 월별 주제에 맞춰 함께 활동하며 트렌드와 젊은 사람들의 문화를 체험하며 세대 간 벽을 허무는 활동을 하였다고 한다.

이렇게 역할을 바꿔 멘토링을 하는 이유는 젊은 사람들의 문화나 생각을 이해하고 받아들여 기업을 젊게 유지시키고 새롭게 떠오르는 주 소비층으로 젊은 사람들을 공략하여 매출을 높이는 것을 목적으로 하기 때문이다.

그러나 개인의 커리어를 만들어가는 방법으로도 멘토링, 리버스 멘토링 모두 활용 가능하다. 지금 하고 있는 직무를 중심으로 회사 내부뿐만 아니라 외부에서 나의 역량을 더 향상시켜주고 업무 영역을 확장하는데 도움을 얻을 수 있는 멘토 네트워크를 만드는 것이다.

멘토를 찾는다고 해서 반드시 한 명이 될 필요는 없다. 비슷한 업계에서 경험이 많은 멘토, 관련 인맥이 다양한 멘토, 뛰어난 역량으로 성과를 낸 멘토 등 여러 사람이어도 괜찮다.

만약 커리어를 만드는데 가고자 하는 산업이 다르다면 그 산업에 대해 이해하는데 도움이 되는 멘토들을 찾는 것도 좋다.

반대로 리버스 멘토링처럼 필요하다면 후배나 신입 혹은 외부에서 알게 된 주니어 사원도 좋다. 커리어를 채우는데 도움이 되는 멘토들이라면 나이의 많고 적음, 같은 회사인지 아닌지는 중요하지 않다. 중요한 것은 필요한 것을 배우고 채우는데 '도움이 되는 가'이고, 더 중요한 것은 그들과의 만남에서 신입의 마음으로 조언을 듣고 배우고자 하는 태도와 적극성이 필요할 뿐이다.

■ 코칭

러닝메이트Running Mate라는 것이 있다. 네이버 어학사전의 정의를 보면 '어떤 특정한 사람과 항상 붙어 다니는 사람', '어떤 일에 보조로 함께 일하는 동료', '경마에 출전하는 말의 연습상대가 되는 말'을 뜻한다. 원래 경마에서 사용되었던 용어로 경주마의 기량을 점검하기 위해 페이스메이커Pacemaker로 나가는 말을 가리키는 용어다. 하지만 요즘은 주로 정치권에서 사용하는 용어로 언급된다. 특히 미국 대선 때 부통령 후보를 러닝메이트라고 부르는데 공동의 목표를 위해 옆에서 함께 달리며 대통령 후보가 당선이 될 수 있도록 돕기 때문이다.

인생 전반에 걸친 자신의 삶에서 커리어를 설계하고 원하는 결과를 만들어 가는 과정은 쉽지 않다. 이때 나의 커리어를 위해 함께 달려줄 러닝메이트인 코치가 있다면 어떨까?

코칭Coaching은 전문성이 있는 코치가 자신의 의뢰인인 코치이와 계약을 맺고 코치이의 현재 상태와 바람직한 상태를 파악하고 문제 해결을 지원하는 과정이다. 기업에서는 조직의 성과 향상을 위해 코칭이 활발하게 활용되고 있다.

현재 기업에서 실행하고 있는 코칭은 그 실행 주체에 따라서 외부의 전문 코치가 조직의 임원이나 관리자를 대상으로 하는 경영자 코칭과 리더가 구성원을 대상으로 하는 관리자 코칭으로 구분할 수 있다.

코칭의 핵심은 질문과 경청이다. 질문을 통해 관점을 넓히고 경청하며 코치이에게 집중함으로써 무엇을 이야기하고 싶은지 코치이의 말을 코치이 언어 그대로 돌려주는 것. 그래서 코치이가 스스로 깨닫고 한발 나아갈 수 있도록 돕는 것이다.

멘토링과 달리 코치는 코치이의 분야에 전문가가 아니어도 가능하고 무언가 알려주거나 답을 주어야 하는 의무도 없다. 수평적 협력 관계로써 코치이가 문제를 해결하고 목표를 달성할 수 있도록 함께 뛰는 조력자이자 러닝메이트인 것이다.

외부의 전문가나 조직 내부에서 코칭을 받을 수 없는 상황이라면 셀프 코칭을 해 볼 수도 있다. 코치이의 문제를 스스로 찾아볼 수 있도록 다양한 질문을 받으면 그만큼 다양한 관점에서 나의 문제를 바라보거나 새로운 시각으로 보게 만들어 문제 해결을 용이할 수 있도록 돕는다.

닫힌 질문보다는 열린 질문으로 생각을 열자

- 현재 성과에 만족하는가?

  ⇨ 현재 성과에서 만족할만한 것은 무엇인가?

- 지금 하고 있는 일이 커리어에 도움이 되는가?

  ⇨ 지금 하고 있는 일에서 나의 커리어에 도움이 될 만한 것은 무엇인가?

Why를 묻는 질문으로 탓하지 말고

What을 묻는 질문으로 원인을 찾자

- 왜 목표 달성을 못했는가?

  ⇨ 목표 달성을 하지 못한 이유가 무엇인가?

- 왜 이런 문제가 생겼는가?

  ⇨ 이런 문제가 발생한 이유가 무엇인가?

How를 묻는 질문으로 실행력을 높이자

- 목표를 달성하기 위해 어떤 노력을 할 수 있을까?

- 어떻게 하면 보는 사람이 자료를 쉽게 이해하도록 만들 수 있을까?

스스로에게 코칭 질문을 해보자. 이게 코칭 질문의 전부는 아니지만 나의 성장을 위한 최소한의 질문을 통해 문제나 감정에 빠져 헤어나오지 못하거나 그러한 상황에서도 빨리 탈출할 수 있도록 말이다.

기간을 정해두고 그 기간 동안 할 수 있는 일들이 어떤 것들이 있는지 구체화해보는 것도 좋다. 많이 알려진 만큼 익숙하지만 코칭을 제대로 하는 것은 어려운 일이다. 그러나 길고 긴 커리어를 만들어가는 여정에서 잠시라도 함께 뛰어줄 누군가가 있거나 어려운 상황에서 스스로의 늪에서 빠져나올 수 있는 코칭 툴을 활용한다면 덜 고생스러울 것이다.

■ 네트워크

실패하지 않는 이동을 하려면 사전에 먼저 알아야 하는 것이 바로 '정보'다. 내가 이동하고자 하는 곳의 정보 말이다. 이동하고자 하는 곳이 국내 다른 회사가 될 수도 있고 다른 산업이 될 수도 있다. 직무를 바꾸고자 하는 경우도 있고 다른 나라의 회사일 수도 있다. 이직하고자 하는 곳의 정보를 얻기 위해 네트워크를 적극 활용해볼 만하다. 자신이 관계하고 있는 인맥이 있다면 좋겠지만, 관련된 인맥이 없다면 온라인 네트워크를 활용해보자.

인맥 네트워크의 대표적인 '링크드인(www.linkedin.com)'은 SNS와 비슷하게 자신의 프로필을 만들고 뉴스피드에 글을 올린다. 다만 일반적인 SNS와의 다른 점은 커리어에 초점을 두기 때문에 개인 일상보다 회사와 관련한 내용들을 주로 업로드 한다.

꾸준히 관리하면 각 회사의 인사팀에서 면접 제의가 들어오기도 한다. 그래서 자신의 경력을 잘 관리할 필요가 있다. 링크드인은 특히 해외 취업을 하고자 하는 사람들 사이에서 많이 사용한다. 그만큼 해외에서 많이 사용하는 플랫폼이기도 하다.

인맥으로 통하던 네트워크가 온라인을 만나면서 범위가 확장되었다. 사이트를 꾸준히 관리하는 노력과 온라인상에서 정보를 얻거나 얼굴은 보지 못하지만 관련 사람들과의 매너 있는 커뮤니케이션을 통해 정보를 얻을 수 있는 환경이니 얻지 못할 네트워크는 없는 세상이다.

■ 자기주도성이 더욱 중요한 시대

평생직장으로의 회사는 없어지고 조직에서 승진이 목표가 되는 시대는 끝나고 있다. 하지만 수명이 늘어난 만큼 경제적인 활동은 더욱 길어졌다. 부모 세대처럼 하기 싫지만 억지로 해야 하는 일은 괴롭고, 이전에 없었던 환경적 변화는 강제 적응을 시키고 있다.

대면보다는 온라인 학습이 굳어졌고 조직주체 커리어 개발에서 개인주체로 커리어를 개발해야 하는 추세로 바뀌어가고 있다. 사람들은 변화에 적응하기 위한 학습도, 커리어 관리도 모두 개인의 책임이 뒤따르고, 각자 리드해야 하는 상황에 이르렀다.

이러한 상황에서 언택트세대에게 더욱 요구되는 자질은 스스로가 주체가 되어 자신의 학습을 책임지고 완수하려는 태도인 자기주도성Personal Initiative이 매우 중요한 내적 특성이자 태도가 되었다.

경영학자인 그랜트Grant와 애쉬포드Ashford는 자기주도성이 있는 직원들은 크게 두 가지 행동적 특성이 있다고 한다. 첫 번째는 선도적인 행동으로 다른 누군가의 지시가 없더라도 스스로 일을 찾고 수행해 가는 과정에서 문제를 예측하고 대안을 마련하는 행동을 하는 것이다. 두 번째는 변화에 영향을 미치고자 하는 행동으로 변화가 있을 때 함께 오는 저항에도 꿋꿋이 자신의 일에 매진하는 것이다.

선배나 리더가 하라고 하면 되는 그런 시대는 안녕이다. 자기 주도성을 가진 직원들이 더 이상 튀는 사람들이 아닌 조직 내 필요한 인재가 되면서 신입도 아니고 직급이 높은 리더도 아니다. 애매하게 중간에 낀 30대 후반 대리, 과장급은 변화에 적응하고, 수많은 요구들을 수용하느라 내적 고민에 방황하며 커리어 사춘기 세대가 되어 한숨이 절로 나온다.

그러나 아직 늦지 않았다. 서두르기보다 한 걸음 늦게 가더라도 스스로 확신을 갖고 발을 내딛자. 중요한 것은 변화한 환경 속에서 자신의 커리어를 삶의 전반적인 관점에서 보고 계획하는 것이다.

현재를 살아가면서 어렵지 않은 사람은 없다.

그러나 어려운 상황에서 문제를 해결하고자 노력하는 사람들은

그렇지 않은 사람들보다 반드시 나은 결과를 얻는다.

최고의
나를 만드는
커리어 매니지먼트

펴낸날 초판 1쇄 2021년 2월 17일

지은이 심혜경·채지연·이인규·박소영 지음

펴낸이 강진수
편집팀 김은숙, 김도연
디자인 임수현

인 쇄 ㈜우진코니티

펴낸곳 (주)북스고 출판등록 제2017-000136호 2017년 11월 23일
주 소 서울시 중구 서소문로 116 유원빌딩 1511호
전 화 (02) 6403-0042 팩 스 (02) 6499-1053

ISBN 979-11-89612-90-0 03320

책 출간을 원하시는 분은 이메일 booksgo@naver.com로 간단한 개요와 취지, 연락처 등을 보내주세요.
Booksgo 는 건강하고 행복한 삶을 위한 가치 있는 콘텐츠를 만듭니다.